それはあなたが望んだことですか

——フェミニストカウンセリングの贈りもの——

河野貴代美 編著

三一書房

はじめに

1980年2月、日本でフェミニストセラピィ＝カウンセリングが誕生し、以来40年になります。私たちは各地にできたフェミニストカウンセリング・ルームや各地方自治体における相談業務等を通して、多様な女性の問題に向き合い、共に歩んできました。1960年代後半に登場したフェミニズムは、女性差別の実態に焦点を当て、それが差別的な社会構造から起きていることを訴え、「個人的なことは政治的なこと」というスローガンに結実していきます。

フェミニストカウンセリングもフェミニズムの進展と一緒に歩を進めつつ、女性の被差別的状況から引き起こされる心理的困難からの脱却・回復に手を貸してきました。総括的に言えば、それは徹底的に女性の立場に立った斬新な素晴らしい発見と実践で満ちているといえます。DVやセクハラといった言葉の発見、伝統なカウンセリングとは異なった具体的な回復の道筋等です。

本書は、全国のカウンセリング・ルーム等での相談事例をもとに、現代を生きる女性が抱える問題を共に考察し未来に向けた提案をしていきたいとの思いから書かれたものです。じつは、前書『私を生きる知恵』ではフェミニストカウンセリングの歴史について、主に私の個人史に沿って紹介しましたが、次世代への提案を明確に提示できなかったという思いが残りました。フェミニズム発祥以降、女性が置かれている状況が変化し、女性個々人も変わってきている現状について、それがどのような実態なのか、なぜそのような変化が起きているのかを事例を通して再考し、次世代への提案に結び付けていきたいというのが、本書の大きな目的です。

第1章は、女性の一生を通して顕在化してくる問題状況を紹介しています。同時に、カウンセラーのずっと寄り添う姿勢も伝わります。第2章の性暴力やセクハラ、第3章のパートナー問題、第4章の家族の問題は、まさしくフェミニストカウンセリングの得意とする領域であり、これらはいまだ変わらない問題として、同時に新しい問題として存在しています。とりわけ第2章の性暴力やセクハラについては、#MeToo運動として新しいうねりを生み出しながらも、カウンセラーの真摯な「悲鳴」が聞こえるほど、被害者の状況は悲惨であり、回復は困難をきわめる現状が浮き彫りにされます。

しかし、このような現状においても、女性の中にこそ、次の時代を拓く力があると私たちは考えますし、信じています。だから第5章では、次世代の女性たちであるフェミニストの娘たちの葛藤とさまざまな母娘関係を紹介しました。女性たちが自分の個別な問題や心理的問題に気付いたとき、社会における自分の立ち位置や、社会とのつながりが見えるようになるためには、フェミニズムを知っている大人（の女性）に出会う機会がいかに大切かという思いを新たにします。

とはいえ、今後フェミニストカウンセリングを伝えていきたい若い女性、SNSで育った世代にとっては、関係性自体がヴァーチャル・リアリティで起きていると聞きます。SNSで語られることが、あたかも「世論」のように若い女性たちを操作する力として働いていて、ともすればジェンダー規範よりSNS「世論」のほうに大きな影響を受けている現状があるかもしれません。それでも、SNS「世論」にも強固なジェンダー規範が存在すること、だからこそ彼女たちへの援助が必要であることには変わりがありません。この問題は第6章で考え提案してみたいと思います。

さらに、第7章の超高齢期を生きる女性たちへのメッセージ、第8章のシスターフッドの再考を通して、第9章でフェミニストカウンセリングの現状に即したアップデート、未来への提案をしていきます。そこでは、カウンセリング・ルームに相談に来ない女性、来られない女性に視線が及ばなかったのではないかという自省を込めて、性自認や性的指向、国籍、人種・民族、障がいなど、女性差別と複雑に重なり合う差別の構造へのセンシティブな考察が求められるでしょう。

フェミニストカウンセリングの掲げる心理的困難からの回復目標の基盤に、「自分を大切に思うこと」があります。これは「あなたはあなたであってよい」という大事な自分感覚の育成につながる認識です。私自身、この言葉「あなたはあなたであってよい」にとても救われました。この言葉から私が私としてスタートしたと言ってもいいくらいです。このような自己受容はフェミニストカウンセリングの基本テーマで、各章はいずれもこのテーマで貫かれています。

女性が自分を語り、受け止められ、その中でフェミニズムのメッセージを受け取る機会をつくることが私たちの願いです。本書の上梓がその機会になれば、これ以上の喜びはありません。

変化はそれとして認めつつも、本書は、今を生きる女性たちがフェミニストカウンセラーに出会う瞬間を書いた記録です。ぜひフェミニストカウンセラーの仲間たちに出会ってください。

なお「あとがき」にあるように、本書では、各章内にも節内にも、メンバーの意見や実際の手直しが多少なりとも入っています。それぞれの主執筆者はいますが、各章の最後に複数人の名前が並縦的に挙がっているのは、その理由のためです。

最後に、本書で紹介しているすべての事例やケースは修正もしくは合成してあるか、あるいはご本人の了解を得ていることを記しておきます。

河野貴代美

もくじ

第3章 私のことは私が決める――パートナーシップの行方

第4章 さまよう家族

第5章　あなたはどうしたいの？——フェミニストの娘たち

第6章　手のひらから世界に接続する若者たち

第7章　もっと「わがままに」は難しい？——超高齢期を生きる

第8章　女同士の育ち合い――友情について

第9章　やわらかいフェミニズム

編集協力：松田容子

第1章

女性の生きにくさとフェミニストカウンセリング

今なお、さまざまな制約の中で生きている女性

私たち女性は、いろいろな制約の中で生きています。男性と共通の制約もあれば、女性だけに課せられた制約もあります。女性に我慢を強いるもの、不快と感じても、どうはね返せばいいのかわからないもの、なかには制約があることに気付くことさえ難しいものもあります。それらの制約が女性の人生に何をもたらすのかを、60歳を過ぎた一人の女性の例で見てみます。彼女の身に起こったことは、かたちを変えてすべての女性の人生に起こり得ることでしょう。

また、この事例を通して、フェミニストカウンセリングはどのように考え援助できるかを示唆できればと思います。さらに、日本でフェミニストカウンセリングが始まってすでに40年が経ちますが、今なお変わらず存在する、家族規範やジェンダー規範をわかりやすく示したいと考えます。表面的には、家族や結婚など、人々の暮らしはすでに多種多様化しています。しかし個々の女性の自己評価や自己イメージは、今もジェンダー規範に関わることが多く、規範を受け入れて生きる葛藤や矛盾、あるいは規範から飛び出して別の生き方を模索する不安や後ろめたさなどが、今もカウンセリングには数多く持ち込まれます。

世代をまたいで、女性たちは迷い、悩み、揺れながら生きてきました。社会状況はいっこうに変化せず、女性がのびやかに生きるロールモデルもそう簡単には見つけられません。ある女性の生涯を紹介するところから、本書を始めることにしましょう。

歓迎されなかった誕生と「ちゃんとしなさい」という教え

けいこさんは、ある地方の農家に生まれました。4歳上には、最初の子である姉がいましたが、家がいわゆる本家で、跡取りとしての男の子の誕生が心待ちにされていました。そのため、二人目も女の子だとわかったとき、母親はがっかりし、父親は生まれたけいこさんの顔を見にも来なかったそうです。いつの頃からか、けいこさんは、歓迎されない子として生まれてきたことを申し訳ないと感じるようになっていきました。

祖父母が健在の頃は、お盆や彼岸、正月には親戚中が集まっていましたが、そのたび、けいこさんは祖父母や両親から「ちゃんとしなさい」と言われていました。〝ちゃんとする〟とはどのようなことかよくわかりませんでしたが、とにかく行儀良くしようと努めました。自分が〝ちゃんと〟していなければ、親が恥ずかしい思いをすると感じていたのです。

＊　＊　＊　＊　＊

昨今、家族が解体しているとか、家族はいても関係性は形骸化していてコミュニケーションがないといった警告がなされる一方で、いまだにこのような家意識が強い地域や家族が存在しています。しかし、「そういう古い考えはおかしい。改めなければならない」と、けいこさんが感じたり、誰かが主張したとしても、おそらく受け入れられない場合がほとんどでしょう。このようなジェンダー抑圧にただ耐えるしかない状況が今もなお存在しているのも事実なのです。

跡取りである男は特別な存在

けいこさんが11歳のとき、弟が生まれます。家は跡取りができたと、お祭りのような騒ぎになり、祖父は大喜びで産院に駆けつけました。けいこさんは、このような大人たちの様子を見て、男の子というのはこれほど特別なものなのだと感じました。弟が生まれたことで、それまで跡取りとして育てられてきた姉は少なからぬショックを受けたようでしたが、跡取りの座は何の説明もなく姉から弟に移行しました。

高校生になったばかりの姉は情緒不安定に陥り、しばらくふさぎこんだ後、母に当たるようになり、やがて、けいこさんにも暴力を振るうようになります。母は、跡取りの座を追われた長女を不憫《ふびん》に思ったのでしょうか。姉が荒れたあと、いつもけいこさんに「姉ちゃんもつらいんよ。辛抱してやってな」と言いました。かわいそうな姉を支えてやらなければと思っていたけいこさんは、母や姉の役に立てることがうれしくもありました。お宮参り、お食い初めと、弟の成長を祝う行事は欠かすことなく行われました。そんなとき、けいこさんと姉はいつも留守番でした。

＊　＊　＊　＊　＊

けいこさんが遭遇したのは家意識と家を継ぐ男子の存在です。さらに、家にとって「価値ある存在」と「家長」が判断した者以外は、簡単に排除されていく現実でした。家の跡取りがどうのこうのということは、少子化の影響もあり、少なくはなりましたが、現在でも職場では、あとから入ってきた男性が先輩である女性を追い抜いて昇進していくことはめずらしくありません。その理不尽さに気付くのは追い抜かれた女性だけです。いかにも古臭い、こうした意識はかたちを変えて今もなお私たちの生活に残っています。たとえば、父親が亡くなったあとの話し合いの席で、母親が家などの不動産を息子一人に譲りたいと言い出す例があります。放棄を迫られている娘が介護や看護を中心となって担ってきたとしてもです。このようなケースは徐々に減っているとはいえ、亡くなった人をどれだけ支えたかよりも、長男という立場、男という性別、家の存続といった事柄を優先して判断される慣習が今も地方や旧家などでは健在です。現在の法律、制度にはそぐわないそうした優遇を、息子たちは当然のように受け取ります。

フェミニストカウンセリングでは、こうした経験を「理不尽」と思う彼女の感じ方を支持し、落ち着いて自分の思いを伝えられるよう共に考えていきます。

自分が家の負担になるわけにはいかないと就職

高校3年生になっても、けいこさんは自分が卒業後どうしたいのかわかりませんでした。姉は公務員養成の専門学校に進み、地元の郵便局に勤めながら家の仕事を手伝っていました。けいこさんは姉と同じような進路を選ぶ気にはなれませんでした。家のことは、姉とやがて成長する弟の二人がいれば十分だと思っていました。

進路についての最初の面談で、担任から大学に進む気はないかとたずねられました。4年制大学に進んで教職についたらどうかと言われたのですが、けいこさんには大学に通っている自分も、教師になっている自分もイメージできませんでした。そろそろ介護が必要になりそうな祖父母と、まだ小学生の弟がいる家のことを考えると、自分に何ができるわけでもないのに、「家の負担になるわけにはいかない」という気持ちになりました。そんな思いから、就職したいと言ったけいこさんに、担任はいくつかの就職先を紹介してくれました。

＊　＊　＊　＊　＊

けいこさんは、子ども時代から思春期にかけて批判精神の持ちようもなく、男尊女卑の文化の中で、ひたすら我慢をし、自分を価値のない存在だと認識していきます。フェミニストカウンセリングの大事な目的である「自分を大切にしよう」というスローガンは、当時の彼女にとって遠いところに掲げられているかのようでした。

彼女が大人になっていく基準は「ちゃんとしなさい」という外圧です。それが具体的にどんなことかわからないけいこさんが取った行為は、「おとなしくすること」でした。このような状況の中で女の子の「自我」は、育まれるどころか抑圧されていきます。フェミニストカウンセリングは、とくに女性の成育歴を、母子問題のみに矮小化せず、社会的状況において理解していきます。

望まれて結婚するのが幸せと説得される

けいこさんは地元の市役所に就職しました。配属されたのは市民課。市民と関わることの多い職場でした。これまでも祖父母に「どこの人が見てるかわからないんだから、ちゃんとしときよ」と言われてきましたが、市役所に勤め出して「ちゃんとしとけ」圧力はさらに強まりました。服装、化粧、立ち居振る舞い、すべてに祖父母が目を光らせます。ちょっとでも帰りが遅いと、「ふしだらな」とひどい言葉で叱責されます。そういうとき父も母もだれも味方になってくれませんでした。職場の歓迎会などで帰りが遅くなるときは、父が迎えに来てくれました。

勤めて3年が過ぎようとする頃に、けいこさんに積極的にアプローチしていた谷口たかしさんが、突然家を訪れました。けいこさんを谷口家の嫁に迎えたいと、長兄を伴ってやってきたのです。結婚したら家を建ててあげるというのが、建設業を営んでいるたかしさんの両親からの申し出でした。お金には苦労させない等々、自信満々の言葉がたかしさんと長兄の口から出るのを聞いているうちに、両親と祖父母の気持ちが動きました。公務員だし、家も建ててくれると言っているし、何よりあれほど望まれているんだから、こんなに幸せなことはない。彼らが帰ったあとに両親と祖父母は、けいこさんをそう説得しました。

「子どもはまだ?」の出産圧力

結婚して2年後、たかしさんが役所を辞めると言い出しました。父親の建設会社を手伝い、そこで学び、やがては独立したいと言うのです。けいこさんは25歳、たかしさんは30歳を過ぎていました。けいこさんの両親は、親の会社を手伝うなら心配はいらないだろうと、とくに反対はしませんでした。たかしさんが役所を辞めてさらに2年後、たかしさんはけいこさんに仕事を辞めてほしいと言い出しました。仕事に打ち込みたいので、自分を支えてほしいと言うのです。家計はこれまで勝手に使っていた自分の収入を家に入れるので、けいこさんが仕事を辞めても心配はないとのことでした。

その頃、けいこさんは双方の親族から子どもはまだかとうるさく言われるようになっていました。会うたびに、けいこさんが働いているから妊娠しにくいのではないか、などと言われていたのです。職場でも、「子どもは？」と聞かれ、「つくり方を知ってるのか」などという、今ならセクハラと指摘されるような笑えない冗談を言われることもあり、けいこさんは仕事を辞める決心をします。

＊　＊　＊　＊　＊

けいこさんの結婚は、自分で選んだというより、家族に押されてのものでした。家族からの圧力は強烈でしたが、いわゆる適齢期といわれる年齢で結婚したので、「まだ結婚しないのか」といった世間からの圧力を感じることはありませんでした。しかし、妊娠についてはあれこれ言われました。「妊娠はまだ？」という声が退職のあと押しをしたのは確かですから、次第に追い詰められていったのでしょう。

政治家の数々の失言からもわかるように、出産圧力はこの社会に空気のように存在しています。政治家の失言は批判できますが、家族や友人、知り合いなど身近な人からの言葉は批判しにくいものです。子どもが欲しいと思いながらもできないと、それらの声の一つひとつが心に突きささります。女性たちは傷つきながら、妊娠できない自分も、子どもを断念できない自分も責め続けることになります。生殖医療の発達は、不妊の原因が女性だけにあるのではないことも明らかにしましたが、その一方で出産可能年齢の延長が、こうした女性が針のむしろに座らされる期間を延長させたともいえます。

「やりくりは女の仕事」

退職後、初めてたかしさんの給料の額を聞いたとき、その少なさに驚いたけいこさんは仕事を辞めるのではなかったと一瞬思いましたが、何とかこの給料でやりくりしていかなければと思いを定めます。その後、ほどなく長女、長男、次男の3人の子どもに恵まれ、けいこさんは忙しい毎日を送るようになります。夫の給料は思ったほど増えなかったので、自分の貯金を崩し、ときには実家に助けられ、末の子どもが幼稚園に上がってからはパートに出て家計を支えました。

けいこさんが家事、子育てとパートに明け暮れていたその頃、夫は会社を設立、実家からの独立を果たします。それからは家計のやりくりだけでなく、伝票の整理や支払い、出入金の管理など、会社のやりくりもけい子さんに任されるようになります。夫はけい子さんに相談することなく新しい機械を購入し事業を拡大していきます。日々のやりくりに加えて、自宅のローンや購入した大型機械のローンの支払いなど、けいこさんの心配事は増えていきましたが、「主人を信じて支えるのが妻の役目や」と断言する夫に、不安や心配を伝えることはできませんでした。

＊　＊　＊　＊　＊　＊

結婚前に貯めた自分の貯金を、夫がつくった借金の清算にあてる妻や、生活費の不足を言い出せず、自分のパート収入で補っている妻は珍しくありません。どう考えても足りないだろうと思われる額しか渡されていないにもかかわらず、「私のやり方が下手で……」と思っている妻もいます。妻と夫が日常のやりくりに共に頭を悩ませるならまだしも、衣食住をめぐる「生活」は妻の責任領域とし、暮らしに関するやりくりは妻に任せっぱなしで、趣味や付き合いの金は別会計にして、夫だけが優雅な生活を送っている家庭もあります。また、妻のお金の使い方に、細かく口を出す夫も少なくありません。こうしたお金をめぐる不均衡やディスコミュニケーションは、DVの経済的暴力にあたります。

働く女性が増えて、けいこさんの年代の女性たちよりも、もう少し現実的な判断をする女性が増えているとは思いますが、「やりくりは女の仕事」という意識は今も根強くあります。

初めて受けた夫からの身体的暴力

設立10年を前にして、会社経営に暗雲が立ち込めます。取引先の倒産などにより当てにしていた仕事も収入もストップ、ローンの支払いにも苦しむようになります。たかしさんの実家から仕事を回してもらってはいましたが、日々のやりくりに加えて、手形が落とせるかどうかが、けいこさんの心配事に加わりました。借金と返済を繰り返しながら何とか回っていた会社は次第に立ち行かなくなり、借金取りから逃げ回るたかしさんは家にほとんど帰ってこない日々が続きます。

そんなある日、借金の不安と生活費の不足で追い詰められたけいこさんが、たまたま家に帰ってきたたかしさんに強く迫ると殴られたのです。初めての暴力に、以来、たかしさんに対し、ますますものを言うことができなくなっていきました。

＊　＊　＊　＊　＊

けいこさんが夫から身体的暴力を受けたのはこの1回だけですが、それ以前のけいこさんへの態度――大切なことを相談せずに一方的に決める、さらにはその後始末をこれまた一方的に押し付ける、気に入らないと大声で怒鳴るなどといった行為は、すべてDVの精神的暴力にあたります。しかも、被害者のけいこさんは、これらの暴力をいつまでも忘れることができませんが、加害者である夫は何ひとつ覚えていないのではないでしょうか。情報を与えなかったり、怒鳴りつけたり、あるいはけいこさんを貶《おとし》めたりしながら自分の思い通りにことを進めている夫には、それらが暴力であるなどとは思いもよらないと思います。けいこさんもフェミニストカウンセリングとつながり、DVの情報を得るまでは、これらが暴力だと考えたことはありませんでした。むしろ細かなことをいつまでも覚えているのは自分が執念深いから、自分の心が狭いからだと自己嫌悪でいっぱいになりながら、「なぜ忘れられないのか」と自分を責め続けていたのです。

家を手放し、家計を支えることに

しばらくして、家が差し押さえられ、売りに出されることになりました。いわゆる競売です。今すぐ家を出なければならないのでは、と不安になるけいこさんに、たかしさんは「買い戻すから、あわてるな」と言うだけで、これからどうなるかいっさい説明しません。眠れない日々を送っていたけいこさんは、考えてもどうにもならないと、それ以上考えるのをやめました。ただ、生活はしていかなければなりません。

会社が不調になり、給与というかたちで渡されていた生活費が支払われなくなっていたのです。自分で何とかしなければとあれこれ考えたけいこさんは、なけなしのお金をはたいてビニールの袋をつくる機械を購入しました。重機が置いてある空き地の事務所兼作業場のような小屋に機械を設置、材料となるビニールのロールを購入しビニール袋づくりを始めました。これなら一人でできますし、つくった枚数に応じた収入が得られます。大がかりな内職のような感じでした。注文は知り合いの伝手《つて》で取りました。最初はうまくいきませんでしたが、慣れてくると、早朝から夜遅くまで機械を回し、月平均50万円程度の収入をあげるようになります。また、競売に付された家を、たかしさんの知り合いが落札。その人から借りるというかたちで、けいこさんと子どもはそのまま住み続けることができました。

子どもの独立後やってきたうつ状態

この時期、けいこさんは本当によく働きました。子どもは、長女、長男が高校生、次男が中学生。朝バタバタと子どもたちの朝食を用意して家を出て作業場に行き、仕事の途中で家に帰り、子どもたちの夕食を用意し再び作業場に戻ります。ときには深夜まで働きました。仕事の時間を自分で調節できたので、そうやって働きながらも、ＰＴＡの行事や親戚付き合いもこなしていました。やがて、長男と長女は専門学校を卒業して家を出ていきました。上の二人が専門学校に行っているときは、学費を捻出するために死にものぐるいで働いていたけいこさんでしたが、二人が成長し独立して家を出ると少しほっとしたのか、耐え難いほどの疲れを感じるようになります。

次男は、高校に入ったものの、まったく学校に行かず引きこもり状態を続けていました。けいこさんは、そんな次男に苛立ちを感じ、夜眠れなくなります。食欲もなくなり、徐々に調子を崩し仕事に支障をきたすようになってビニール袋製造はやめました。

その頃から、わずかですが、夫から生活費を渡されるようになり、現在は夫からのお金と、再び始めたパートの収入で暮らしています。不意の出費は、やっとの思いで貯めた貯金をあてています。けいこさんが気になっているのは、自分の老後と、今も引きこもりを続けている次男です。仕事ばかりで、中学、高校時代の次男と十分に関わることができなかったことをけいこさんは悔いています。

女性の低賃金と低年金が引き起こす老後の不安

けいこさんは、夫の事業の失敗により、生活費や子どもたちの教育費などの費用を働き詰めで稼ぎ埋めてきました。しかし、けいこさんの年金は、そんなに働いてきたのに、国民年金（満額ではありません）と、ほんの少しの共済年金だけで、月数万円ほどです。夫の会社の従業員だった時期、夫はけいこさんの年金をかけていませんでした。パートなどで働いていた間も含め、長い間年金を払う余裕がなく、自分で国民年金を払ったのは、ほんの数年間でした。

＊　＊　＊　＊　＊

けいこさんのように自営で働いていたり非正規職で働きながら生活を支えている女性が多くいます。扶養の範囲を出ないように調節しながら働く女性も少なくありませんが、非正規職の場合、その収入は正規職の男性の半分にもなりません。たとえ正社員であったとしても、年齢が進むほどに男性との賃金格差は広がり、50歳代の女性の賃金は男性の6～7割程度（平成29年「賃金構造基本統計調査」厚生労働省）にしかなりません。非正規労働者であれば、さらに賃金は安くなりますので、低年金はいうまでもありません。貯蓄などできるはずもなく、単身高齢女性の約半数が貧困状態（「生活困難を抱える男女に関する検討会報告書」平成22年内閣府男女共同参画局）にあります。

これらの女性の貧困は、男女の間の就職格差、賃金格差といった格差に起因する問題です。フェミニストカウンセリングは女性の心理的問題を心理へのアプローチのみで解決しようとするいわゆる心理還元主義に陥ることなく、問題の社会的背景にまで視野を広げ、必要に応じてソーシャルワーク的な支援も考えていきます。

湧き上がる夫への怒り

これだけの苦労を重ねてきたけいこさんですが、はた目には幸せそうに見えます。友人たちからランチに誘われたら、予定外の出費になることを気にしながらも断りません。夫が家に帰らない理由を知らない友人たちは、「夫と別居しているなんてわがままだ」「夫が気の毒だ」などと言います。そんなことを言われながらも、けいこさんは夫にどれほど苦労をさせられてきたか言えません。それだけではなく、自分に夫の悪口や文句を言う資格があるとは思えないのです。フェミニストカウンセリングにつながって、ようやく自分は頑張ってきたのだ、よくやってきたのだと思えるようになりつつありますが、まだどこかに不安な気持ちも残っています。

最近では、自分の努力が足りないと思っていた昔の出来事の中に夫の横暴やわがままを見るようになり、夫に対し腹が立つようになっています。いつもオドオドとしていたのですが、コントロールできないほどの怒りに駆られ、自分でも驚くような大声で夫を怒鳴ったことがあります。そのとき、不思議なことに、あれほど恐れていた夫がまったく怖くなかったそうです。以前は夫への恐怖と嫌悪から、会うのを避けていましたが、今では沸騰してくる自分の怒りを持て余すため、夫に会うのを避けています。

ゆっくりあわてずに自分の気持ちを確かめながら

親からも夫からも否定されてきたけいこさんは、長い間自分の考えや感じ方に自信が持てませんでした。ちゃんとしろと言われてきたので、何かあるたびに「あれでよかったか」「間違っていなかったか」と自分で自分の言動を点検するのですが、よかったかどうかいくら考えてもわかりません。そのため、いつまでたっても自分にＯＫが出せませんでした。それどころか、まだ足りない、まだ足りないと、ゴールは遠のくばかりだったのです。そんなけいこさんに、友人たちは「こうするべきだ」「こう考えるべきだ」等々のアドバイスをよくしました。

「主人がいない家はだらしなくなりがちだ」と言われれば、「この頃自分は掃除もおろそかにしがちだった、気を付けなければ」と反省し、「パートの収入くらいで稼いでいるような顔をしてはいけない」と言われれば、自分はそうなっていないかとわが身を振り返るという具合でした。しかし次第に、友人たちの忠告のような説教のような物言いに不快を感じるようになります。これまでは、「せっかく言ってくれているのにそんなことを思ったらダメだ」と、そういう気持ちを押し込めていましたが、自分の感じ方を否定せずに認めるようになると、親切だと思っていた人が、じつはけいこさんを利用するだけの人だったり、いろいろ教えてくれると思っていた人が、ただただ威張りたいだけの人だったりと、少しずつですが、人と世界の見え方が変わってきたのです。

以前からの反省癖で、すぐに自分の気持ちを抑え込もうとしてしまうのですが、またすぐに「思うのは自由や」と自分に言い聞かせます。ときには自分の気持ちがわからなくなることもありますが、そういうときは、不安になりながらも、わからなければわからないままでいい、急いで決めなくてもいいと自分に言い聞かせます。これまでは、いつも何かにせき立てられるようにしていてあわててばかりだった、だからこの先はあわてず、不安に振り回されないで暮らしていこう。そのためにも、丁寧に自分の気持ちを確かめていきたいと考えています。そして、ときどき気持ちを確かめるためにフェミニストカウンセリング・ルームを訪れます。これは明らかに、自分で感じ、自分で考えるという心的変容が起きているからといえるでしょう。

以上、けいこさんのケースを例に、生涯にわたり起きうる問題を取り上げて検討してきましたが、フェミニストカウンセリングの意図するところがおわかりいただけたでしょうか。これから各章において、多様に広がる女性の暮らしの中のさまざまな問題を考えていきたいと思います。フェミニストカウンセリングは、「自分で感じ、考え」「自分や他者を大事にし」「自分に納得がいく生活を目指し」、かつ「より平等な平和に満ちた世界に貢献できるような姿勢」を目指すものです。

（加藤伊都子）

第2章

悪いのはあなたではない——性暴力・ハラスメント

被害者に伴走する

女性心理を扱うフェミニストカウンセリングでは、女性への性暴力については早くから認識しており、心理的影響の分析やその後の回復についても長く取り組んできました。本章では、そうしたケースをいくつか紹介しながら、性暴力被害の実態や心理的影響、その回復について、現状をありのままに報告します。私たちは性暴力被害の深刻さを認識しながらも、回復に向けた万能の処方箋などは手にしておらず、現在も模索しつつ取り組んでいる最中です。それはまた、本書のいたるところで述べられていますが、フェミニストカウンセリングの理念そのものである、個々の心理的状況は政治的（社会的）事柄が深く関わっているという洞察です。したがって、社会全体の暴力にノーという意識が、被害者の回復に大きく作用するのは言を待ちません。

性暴力被害は、被害の態様もさまざまであり、被害者を取り巻く環境や、そのときどきの社会資源などによって、回復の道のりも大きく違ってきます。性暴力の影響は、解離性障害やPTSD、うつなどの心理的症状以外に、動悸やめまい、過呼吸やパニック発作、慢性的な全身の痛み、皮膚疾患やリウマチなど、多種多様な身体的症状として表れてくることはよく知られています。

カウンセリングにおいて、数多くのケースで何らかの性被害が語られることからも、いかに女性にとって性暴力被害が重大なものであるかを痛感せざるを得ません。被害者の苦悩、困窮は、ときに想像を超えるような事態もあり、なかなか周囲の人にわかってもらえないのも残念ながら重要事項のひとつです。#ＭｅＴｏｏ運動や各地で行われているフラワーデモなどがそれなりに浸透し、被害者が声をあげやすくなっているのは事実です。しかし同時に、メディアの取り上げ方の中には、事態の深刻さが希釈化されていきかねない場合も見られ、懸念されるところです。

このような心身の症状を抱えながら、その後を生きる女性たちが少しずつ出来事を語って向き合い、それが性暴力被害であったと認識すること、「あなたは悪くない」という言葉が本当の意味で腑に落ちて、現在の自分を大切に生きられるところまで伴走すること、それが、フェミニストカウンセリングの役割です。さらに、公に語ることが難しいがゆえに、可視化されていない性暴力被害の実情を訴えていくこともまた、私たちの役割であると考えています。

性被害を語る力

性暴力被害がフェミニストカウンセリングの中で取り上げられるようになったのは、本書編著者の河野貴代美著『フェミニストカウンセリングⅠ』（新水社）からですが、単独のイシューとして日本で語られるようになったのは、エレン・バス他著、森田ゆり訳『誰にも言えなかった─子ども時代に性暴力を受けた女性たちの体験記』（築地書館）からではないでしょうか。その後、同書の翻訳者の元に届いた数多くの手紙をまとめて、日本での被害者の声も紹介されています。阪神淡路大震災後の１９９６年には、ジュディス・Ｌ・ハーマン著、中井久夫訳『心的外傷と回復』（みすず書房）が出版されて、日本でも過去の退役軍人やレイプ被害者のＰＴＳＤが知られるようになりました。

2000年前後の法整備で、それまでほとんど手つかずであった性暴力被害について、日本でも取り組みが進められるようになりました。具体的には、改正男女雇用機会均等法（1999年4月施行）の、セクシュアル・ハラスメント防止に向けた事業主の雇用管理上の配慮義務（2007年4月施行の第二次改正では措置義務化）と、児童虐待の防止等に関する法律（2000年11月施行）第2条の2項で、児童にわいせつな行為をすること、または児童をしてわいせつな行為をさせることを児童虐待と定義し、第3条でこれを禁止しています。しかし、現在も日本には包括的な性暴力禁止法がなく、既述したように、被害の実情についての社会的認知も不十分なままで、多くの女性たちが人知れず苦しむ状況が続いています。さらに、本書の第6章で明らかなように、被害を被害と認識できない若年女性たちの被害状況の深刻さも露わになってきています。

2017年10月、ニューヨークタイムズが、映画プロデューサーのハーヴェイ・ワインスタインによる数十年に及ぶセクハラを告発し、その後、多くの女優たちが実名でセクハラ被害を次々に告発しました。アリッサ・ミラノが同様の被害を受けたことのある女性たちに向けて、「#MeToo」と声をあげるようツイッターで呼びかけ、多くの著名人や一般利用者がこれに呼応して、女性たちがセクハラ被害を告発する動きは世界中に広がっていったのです。

同年の4月に、日本ではジャーナリストの伊藤詩織さんによって、権力側ジャーナリストによる性暴力被害が告発されました。勇気を持って刑事告訴したにもかかわらず、この事件は不起訴になっており、以降のさまざまなバッシングによって、伊藤さんは英国への移住を余儀なくされました。しかし、民事裁判では2019年12月、東京地裁で伊藤さんの訴えが認められました。とはいえ、性暴力を容認する社会全体の空気が、かつて被害にあった人や、現在も被害にあっている人たちを押しつぶし、回復を妨げるものとなっていることは明らかです。

その後、#MeToo運動は日本では広がらないとの予測に反して、2019年3月に相次いだ不当判決への抗議の意思表示と、性暴力被害者に寄り添う気持ちを込めたフラワーデモが、日本各地で行われています。街頭でマイクを握って自らの被害を訴える女性たちの姿を目の当たりにすることで、これまでだれにも語れなかった被害をカウンセリングの中で語りはじめた女性たちも複数現れてきました。女性たちが自分に起きた本当のことを語る力を徐々に得て、そこから波及する変化の萌芽を、今よりもっと確かな変化につなげていくときを迎えているのです。

さらに、個々のケースをご紹介しながら、性暴力被害について考えていきましょう。

事例1　過酷な子ども時代。私は母と違う

みえさん（33歳）は2年前、10歳上の夫と結婚しました。現在、小学校2年生である息子は夫の連れ子で、1歳の娘は夫との間にできた子どもです。基本的に子どもはかわいいのに、ときどき爆発的な怒りが湧いてくることがあり、虐待してしまうのではないかという不安を抱いて、相談に訪れました。

夫とは携帯のマッチングアプリで知り合い、猛烈なアプローチを受け交際を開始、半年後に結婚しました。夫が結婚を急いだのは、離婚後、息子の面倒をみてもらっていた実家の母親の具合が悪くなったからだと今になれば思うと、みえさんは振り返ります。

結婚してすぐに妊娠し、つわりが重かったためパートを辞めたみえさんは、以来、夫の給料だけで暮らしてきました。しかし、娘が生まれた直後、夫が勤務先の運送会社の社長ともめて退職し、それからはアルバイトを転々とする状態が続いています。貯金もないため、生活は常に不安定。息子の給食費を滞納したのを機に、夫に内緒でデリヘル（デリバリーヘルスの略。派遣型の性的サービスを行う業態）のアルバイトを始めました。息子が学校に行っている間、娘をデリヘル店が提携している託児所に預けて働いています。

「仕事がないと、娘を保育園に預けられない。求職活動をするにも、その間預かってもらえる場所がない。その点、風俗は待遇がいいんです」と、みえさん。じつは、風俗で働くのは初めてではなく、夫と結婚する数年前まで風俗の仕事をしていたとのことでした。

■「買う」男性は、「やさしい」のか？

みえさんが初めてセックスの報酬としてお金を受け取ったのは、中学2年のときでした。シングルマザーとしてみえさんを育ててきた母親も、そういう仕事をしていたのかもしれないと思っているそうです。というのも、ある日、母親から場所と時間を書いた紙を渡され、指示通りにそこに行くと、何度か会ったことのある知り合いのおじさんがいて、服を買ってくれました。そして「言うことをきいたら、おこづかいをあげる」と言われ、ホテルに連れて行かれました。「性行為は気持ち悪いし痛くて嫌だったけど、おじさんはやさしかった」。父親のいないみえさんは、性行為の前後に頭を撫でてくれたり抱きしめてくれるのがうれしかったと言います。「もらったお金は全部母に渡しました。お金を持って帰ると母が喜ぶのがうれしかった。何があったか母はわかっていたと思います」。母親とは、高校を中退して家を飛び出して以来、絶縁状態が続いているそうです。

「今、私が生活費のために風俗で働いていることを、夫もうすうす気付いているかもしれません。私がお金のことを言わなくなったので。でも、彼は何も言わない。やさしい人なので言い出せないのかもしれません」。みえさんは、知人の娘である中学生の自分を「買った」男性のことも、妻が風俗で働いていることに気付きながら見て見ぬふりをしているかもしれない夫のことも、「やさしい」という言葉で語ります。

■加害者への怒り＝自分を大切にできること

母親に「売られた」ことを、自分の意思でしたことだと言っていたみえさんに転機が訪れたのは、道に迷って困っていた中学生の女の子に何気なく声をかけたことがきっかけでした。自分の娘はまだ幼いけれど、いずれ中学生になる。そのとき、自分は母親と同じことを娘にするだろうかと思ったとたん、母親に対する猛烈な怒りが湧いてきたと言います。また、10歳年上の夫が、もしも中学生の女の子にお金を払ってセックスしていたらと想像すると、吐き気を伴うような嫌悪感におそわれました。そして、中学生だった頃の自分は、身近にいた大人たちに未熟さを利用され性暴力を受けていたのだと気付いていきました。

とはいえ、自分の行為は自己責任だとすることでどうにか折り合いを付け、傷ついていることを無視してきたみえさんが、自己の傷つきを性暴力の結果だと定義し直すことにはさらに大きな困難が伴いました。しかし、カウンセリングの中で行きつ戻りつを繰り返していたとき、突然、夫に対して強い怒りが表れてきました。お金に無頓着な夫への怒りには、見て見ぬふりをして自分を利用していた母親への怒りが重なっていることにも気が付いていきました。また、その怒りが、弱い存在である子どもに向かうことや、子どもに対する怒りの中には、みえさんという母親に愛されている娘に対する自分自身の嫉妬がねじれたかたちで存在していることも見えてきました。あまりにも過酷なみえさんの子ども時代を考えると、よくこれだけ自分を振り返ってみる勇気が持てたと思わざるを得ません。

子どもへの性虐待の特徴のひとつに、加害者が子どもを「手なずける」ことから始まることが挙げられます。大人の女性への性暴力の多くが、「脅し」を伴うのとは対照的に、子どもへの性虐待は、子どもからの信頼や、子どもが愛情を求めていることを利用して行われます。みえさんが、自分の性を搾取した大人を「やさしい」と表現したことも、それを物語っているでしょう。

被害を被害としてとらえ直すことは、大人からの愛情や関心に対する渇望を性的な搾取に利用されていたと認めることであり、「（加害者から）愛されていた自分」を否定することにつながるため、痛みが伴います。しかし、加害者に対して正当な怒りを持てるようになることは、自分を大切にできるようになることなのです。

事例2　実父による性虐待

さおりさん（28歳）は、実の父親から性虐待を受けて育ちました。小学校高学年で胸がふくらみはじめた頃、お風呂で体を触られるようになり、中学に入学した頃から父親と性行為をするようになりました。「最初は嫌だと思ったけれど、どこの家でもしていることだと言われていたので、そういうものなのだと思っていました」と、さおりさん。母親は病弱で、さおりさんが幼い頃から入退院を繰り返し、中3のときに亡くなりました。

父親が豹変したのは、高校に入って、さおりさんに彼ができたときです。門限が厳しくなり、あれこれと口出しするようになりました。その頃、「普通の家では、父親と娘はセックスしない」ということを知ります。「ショックでした。自分の中の常識がガラガラと崩れる感じ」。しかし、父からの求めを拒むと暴力を振るわれるようになりました。「早く終われと思いながら、頭の中で歌を歌っていました。体だけ提供している感じ」。でも、高校だけは卒業したいと思っていたさおりさんは、学費のためにセックスに応じていたそうです。

さおりさんは、高校卒業後、父親の反対を押し切り、他県の寮のある会社に就職しました。とにかく家を出たかったのです。「いわゆるブラック企業でした。上司がやたら怒鳴る人で、それに耐えきれず皆辞めていくのですが、私は平気でした。父親から受けていた仕打ちを思うと、たいていのことは我慢できましたから」。さおりさんは、まじめに働き、こつこつと貯金をして、部屋を借りて一人暮らしを始めました。

現在は転職し、別の会社で働いています。ただ、自分には会社の人たちも知らない別の顔があるのだと、さおりさん。「人事部なので、新人の教育も担当します。でも、こんな私が人に教えるなんてと思うと居心地が悪くて、ときどき出会い系で相手を探して、その場限りのセックスをしています。父親くらいの年齢のおじさんと会うことが多いですね。自分が汚れていく感じがすると安心するんです。そういうセックスじゃないと快感が得られない。こんな私、どこかおかしいんでしょうね」と、自嘲気味に笑ってうつむきます。

自己否定から自傷行為に

加害者は、子どもの無知を利用して「子どもだからわからないだろう」と加害行為に及びます。「もしバレたとしても、子どもの言うことなど信じないだろう」という算段もあります。実際、子どもが周りの大人に性被害を訴えても、真剣に取り合ってもらえない、嘘つき呼ばわりされたというのもよく聞く話です。子どもが被害を打ち明けるのは、「最も信頼できると思った大人」

ですから、その人から自分が信じてもらえないとか逆に責められたという経験は、子どもの心を閉ざし大人への不信感を植え付けてしまいます。

また、嫌悪感や不快感を持っても、子どもは何をされているのかわからなかったり、説明するための十分な言葉を持っていないため訴えにくいという側面があります。年齢を重ねる中で自分がされたことの意味がわかっても、どのようにして自分の体験の被害を証明できるでしょうか。どれほど苦しかったことでしょうか。

さらに、家庭という密室の中で起こる性虐待は、逃げ場がありませんし、「親からも大切にされない存在」という自己否定にもつながります。さおりさんの出会い系でのセックスへの逃避は、まるで自傷行為のように感じられます。

さまざまな相談の中で、ふとしたきっかけで語り出すことがあるのが、子どもの頃の性被害です。そして、カウンセリングが進むにつれ、「乗り越えたと思っていた」過去の被害による傷つきが、さまざまな生きづらさを生んできたことがわかってきます。傷と向き合いはじめたものの、その後遺症の大きさを持て余してカウンセリングが中断されることも少なくありません。それでも、カウンセラーの助力を得て、無力だった子どもの頃の自分に寄り添い、不当な暴力に対する怒りを持つことが、回復に向かう手立てになっていると感じます。

事例3　今も生きている実感が持てない

まさこさん（42歳）が子どもの頃、両親は自営業を営んでおり、住み込み従業員だった2人から小学校5年生のときに性暴力を受けました。それから数年間、被害はずっと続き地獄のような毎日だったのですが、まさこさんはどうしても両親に話せなかったと言います。どのように被害の日々が終わったのか、まさこさんにはほとんど記憶がありません。もしかしたら気付いた親が従業員を辞めさせたのかもしれませんが、それについての話も両親とはいっさいしたことがないそうです。当時のことを思い出そうとすると、頭が霞のかかったような状態になり、ただ男たちに弄《もてあそ》ばれている光景だけが繰り返し浮かび、あれはやはり事実だったのだと自分に言い聞かせると言います。

まさこさんが相談に訪れたのは、夫との関係がうまくいかない、離婚したいという訴えからでした。夫は良い人で、とくに何の問題もないけれど、ごく普通の日常の場面で、自分はどこか遠くから眺めていて、そこには居ないような不思議な感覚に陥り、生きている実感が持てない。それがときどきたまらなく思えて、自分だけでふらりと県外に泊まりに行くことがある。子どもも大きくなったので夫とは別れたいと考えているとのことでした。離婚についていろいろ検討しても、夫との問題が今ひとつ鮮明にならず、主訴について具体的な支援にはいたりませんでした。

カウンセラーとの信頼関係ができるにつれて、まさこさんは子どもの頃の性暴力被害を繰り返し話すようになりました。自分には何の責任もない、自分が悪いのではないとわかっているけれど、現在の自分は何かがおかしい。日常がどうにもしっくりこない、夫にも子どもにも愛情が持てず苦しいとのことでした。まさこさんは被害の状況を徐々に克明に語るようになり、今は怒りの感情が湧き上がってくると話すようになった頃、じつは県外に泊まりに行くのは恋人に会うためと打ち明けました。その人がとても好きで、共に生きていきたいと考えている、生まれて初めてこんな気持ちになったと。

回復の出発点

カウンセラーはまさこさんのこれまでの苦悩や生きづらさを聞くにつけ、今の状態がようやく訪れた救いであるように感じられ、そう伝えました。そのときのにっこり微笑んだ明るい表情のまさこさんを忘れることができません。子どもや夫には何も打ち明けたくないし、これまでもときどきどこかへ姿をくらますような、よくわからない母親でしたから、また勝手なことをしている、どうしようもないやつだと思ってくれていいんです。心ここにあらずで、決して私はいい妻や母親ではなかったから申し訳ない気持ちがありつらかったけれど、子どもが大きくなるまではと思ってきました、とのことでした。

結婚はどちらかが関係を終わらせたいと強く望めばいずれ成り立たなくなる、別居などで時間をかければいずれ離婚は可能だろう。女性にとっての婚外恋愛は、昔は法律で姦通罪があり、今も女性のほうがより罪悪感に苦しむことが多いけれども、それを超える強い思いがあるならば、思う通りに生きてもいいのではないか——そんな話をしたように記憶しています。そのセッションを最後に、まさこさんと会っていません。自分の気持ちを肯定され、それでいいと背中を押してもらうことが、まさこさんには最も必要だったのでしょう。その後、まさこさんがどのような経過をたどったかはわかりませんが、自分の気持ちに沿って生きることがまずは回復の出発点だといえるでしょう。

事例4 ネグレクトから生きのびるために

ミカさん（初回面接時25歳）は、恋人に頼まれ、県外の風俗で働くことになり、彼に送金する約束をしてしまいました。客との応対を練習させられていたとき、どうしてもうまくできず、彼に電話すると、ひどくなじられました。仕事に耐えられず戻ってきたミカさんですが、一緒に住んでいたアパートに恋人の姿はなく、自分は売られたのだとやっとわかったそうです。

当座の生活費もなく途方に暮れ、ミカさんは行政の女性相談窓口を訪れました。カウンセリングよりも、まずは生活支援が必要な状態で、仕事を探すことなどを話し合いながら、カウンセラーは支援を進めていきました。DV被害者支援の民間団体につないで当座の生活費を確保し、面接に行くための洋服もなかったので、DVシェルターの支援物資から調達しました。具体的に困っていることに一緒に取り組みながら、徐々に彼とのいきさつや出生家族についての話を聴き取りました。

ミカさんの母親は精神疾患を患っており、ほとんど帰ってこない父親は、たまに顔を見せると母親に暴力を振るいました。何カ月も母親が行方不明になったこともあり、当時中学生のミカさんは小学生の弟と一緒に、食パンだけを食べて過ごしていたこともあったそうです。いじめもあり、学校で孤立していたミカさんを受け入れてくれた友人がいわゆる非行少女だったところから、ミカさんは彼女と一緒に夜遊びをするようになりました。空虚で寂しい気持ちを抱えたミカさんにとって、一緒にいてくれるのなら誰でもよかった、性的な目的で近づいてくる男性たちでもやさしくしてくれるのがうれしかったと言います。同時に、自分には性的な対象としてしか価値はないのだと考えてもいたそうです。

■安全な場所が必要だった

対人関係が苦手なミカさんは、一人で運転する集配の仕事を選び、ある程度生活の見通しがつくようになりました。それまで安心して話をする経験がなかったミカさんは、仕事をしていて驚いたことや出会った人の話などをカウンセリングで報告することが習慣になり、カウンセラーが頑張っているねと声を掛けると、はにかんだように笑いました。自分の話を、ただじっと聞いてくれる安全な場所が、ミカさんには必要だったのでしょう。

あるとき、「この頃やっと周りがはっきり見えてきた感じ。焦点が合ってきた気がする」と話しました。それまでは、霞がかかったような状態で、世界全体がぼんやりしていたのが、はっきり輪郭が見えるようになったとのことです。子どもの頃からＤＶ家庭で両親には何も話せず、いつも母親をなぐさめたり笑わせたりしてきたことなど、自分のこれまでの経験が実感を伴って少しずつ語られるようになりました。

■解離症状で自分を守る

人は、耐え難い体験を抑圧するために、「解離」という状態になることで自分を守る場合があります。体験や感情、感覚、意識の一部が統合を失い、意識化されなかったり、感じられなかったり、なくなったように感じられるなど、さまざまな症状が知られています。ミカさんの場合は、自分の周りがヴェールがかかったようで現実感がなく、目の前の出来事が遠くで起こっているように感じられるなど、比較的軽度の解離症状を伴っていたと考えられます。

解離が解かれると、以降、さまざまな記憶や感情がよみがえるため、そこから時間をかけたカウンセリングが必要ですが、このあとミカさんとの面接は途切れてしまいます。勤務時間の変更などが理由だったようですが、あとから考えると、被害体験に直面し、それを語る苦しさを回避したのかもしれないと思います。ミカさんが最初に相談窓口を訪れて2年が過ぎていました。

■若い頃の性遍歴を思い、自分を責めて生きてきた

それから14年後、ミカさんが再び訪れカウンセリングが再開されました。ミカさんは結婚して子どもを産み、その後離婚し、現在は別の人と再婚していました。カウンセリング再開当初は、同居する姑との関係などについて話していましたが、次第に子どもの頃や思春期以降の、世界がぼんやりしていた頃の話になりました。ミカさんは、数多くの男性とセックスを繰り返していた頃の自分を思い出すと、自分は穢《けが》れている、普通ではないと感じ、今でも苦しくなると打ち明けました。以前のカウンセリングで、「あなたは悪くない」とカウンセラーが言ってくれたことは覚えているものの、そうは思えなかった、と語ります。ネグレクトの寂しさを埋めるための性行動は、決して彼女が望んだことではありません。どうやって逃げればいいのかわからなかったし、断って男が怒り出すのが怖かった。少女の生き延び策でもあった性遍歴は、性被害以外の何ものでもないにもかかわらず、彼女は自分を責めて苦しんできたのです。

最近のテレビで、性被害や#ＭｅＴｏｏ運動の報道を見たミカさんは、「若い頃にこれを知っていればよかった。苦しんできた私が可哀そう」と泣きながら話しました。被害者の語りや、それを受け止める社会の変化によって、ミカさんの気持ちにようやく大きな変化が起こりつつあります。

たくさんの方から子どもの頃の性被害について聞いてきましたが、そのうち「回復」をイメージできるのは、わずかしか見当たりません。それよりも、被害の影響による心身の不調や、人と

は違う感覚を訴えられたり、被害に近い関係にしがみついていて今も生きづらく、カウンセリングを継続しているケースや、あるいは途中で切れてしまったケースもあります。

フェミニズムやフェミニストカウンセリングに出合うことによって、セクシュアル・ハラスメントからの回復につながった、ゆかさんのケースを次にご紹介しましょう。

事例5　突然のセクハラに抵抗できなかった

19歳のゆかさんは、当時付き合っていた彼が所属するラリーチームの遠征や練習によくついて行き、チームメイトの男性たちにも可愛がられていました。チームの会長は自動車整備会社の社長でもあり、頼まれてゆかさんはアルバイトをするようになりました。会長はとても親切でしたが、個人的なことを聞きたがり、ときおり体に触れてくることがありました。ゆかさんはイヤな気持ちになりましたが、そんなふうに感じるのは失礼だと思い直して、気にしないようにしていました。ある日、事務作業があるので家のほうに来てほしいと言われ、ゆかさんは会長の家を訪れました。そこで突然、キスをされ押し倒されたのです。そのときゆかさんは、恐怖やパニックというより、「マズイことになった、どうしたらいいんだろう」と、非常にさめた感覚で身動きが取れず、されるがままの状況に陥ったと話します。付き合っている彼との関係、チームとの関係などが頭をよぎり、そのまま抵抗もできず性行為にいたります。当時、会長の推薦で彼が全国大会に出場することが決まっており、機嫌をそこねたくないと感じたことも、抵抗できなかった大きな理由だったそうです。その後も、ゆかさんは自分が被害者であるとは認識できず、彼にも両親にも事実を打ち明けることができませんでした。

何度も呼び出そうとする会長に対して、ゆかさんは何とか〝失礼にはならない方法〟で断れないかと頭を悩ませました。偶然二人きりになったときゆかさんが、「もうそんなことはしたくない。妊娠の恐れがあるときに誰の子どもかわからないようなことは嫌だから」と訴えると、「自分はパイプカットしているので心配ない」と会長に言われ、途方に暮れてしまいました。そのときのゆかさんは、「性的自己決定」という言葉も知らず、男性の性的アプローチを受動的に受け止めるだけの女性像を内面化していたのでしょう。セクシュアル・ハラスメントという言葉も、まだ日本にはなかった頃の話です。

その後被害にはあわずにいたものの、すでに数カ月の間、緊張にさらされていたゆかさんは、食欲もなく不眠に悩み円形脱毛症になってしまいました。会長がゆかさんを「自分の女」であるかのように吹聴するので、事実はどうなのか、チームの皆で「確認会」をすることになったと、ゆかさんはその席に呼び出されました。確認会の前日、ゆかさんはもう死んでしまうしかないのかなと思い詰めた気持ちになっていましたが、ふと幼なじみの男性に相談してみようと思い、その人にすべてを打ち明けました。「絶対に何もなかった」と言い張れと助言され、ゆかさんは何とか確認会を切り抜けました。しかし、その後のことを考えると、場当たり的な対処方法でしかなかったといわざるを得ません。しばらくして、付き合っていた彼はチームを離れゆかさんと結婚しますが、数年後、離婚します。

■周囲の無理解でさらに傷つく

ゆかさんは、会長と自分との出来事をどう考えたらいいのか、その後もずっと考え続けていました。身近な女性に話をしたとき、「私だったらそんなことはしない」と言われ、だれにもわかってもらえないことなんだと思いました。離婚後、付き合った男性に話すと、「あんたから誘惑したんじゃないの？」。その言葉にゆかさんは、その男性が加害者と同じに見えてきて、別れるしかなかったそうです。

10代後半に起こった事件が、ゆかさんのその後の人生にどれほど大きな影響を与えたか。女性たちが無防備なときに出合う性的な出来事が、その後の女性の自己イメージやライフサイクルをどのようにかたちづくるのか、あらためて深く考えざるを得ません。

■「自分に起きたことはセクハラだった！」

80年代後半に、セクハラ裁判が初めて日本で起きました。そのときの報道でセクシュアル・ハラスメントという概念を初めて知ったゆかさんは、「私に起きたのはセクハラだった！」とやっと腑に落ちたと話します。圧倒的な力関係の中での望まない性行為によって女性が傷つくこと。当該の性行為自体による傷つきだけではなく、嫌だったらもっと抵抗したはずという、日本社会の強姦の認定要件は、ゆかさん自身の認識にも強く影響していたのです。

性行為を性的関係といいますが、「関係」と呼ぶために、被害者自らも責任を感じさせられ、自分を被害者だと認めることが難しくなります。10代後半の女性と30代の加害男性では、性虐待の要素が十分あるケースにもかかわらず、たった一人でゆかさんは苦しんだのです。

■全体像が見えるようになることから

被害者には、自分に起きたことの全体像が「わかること」「見えるようになること」がとても重要です。ゆかさんの回復過程を振り返ると、「知識」や「言葉」が必要であるのは、強調してもしすぎることはないと断言できます。何だかよくわからない、モヤモヤしたものを抱えたまま過ごしている間は、自責感や自己嫌悪、語れないがゆえの閉そく感が絶えず付きまとい、晴れやかな気持ちになることはなかったそうです。

ゆかさんは、かつて理解してくれなかった人たちとの会話を振り返り、「性的な関係を持ってしまった」という言い方と、「セクハラ被害を受けた」という表現の違いについて、あらためて考えたと話します。そのことを最もよくわかっている被害当事者が、性被害の文脈で語ることによって、ようやく当事者以外の人も正しく理解することができるのです。そういう意味では、セクハラやDV、ストーカーなどの言葉が流通するようになり、状況は変わってきています。しかし今も、性被害への理解が進んだとは言い難く、被害者への眼差しは決して温かいものではありません。

被害者が黙ってやり過ごしている間は、攻撃されることはありません。しかし被害を語るやいなや、それを聞く人たちが自らの感覚に当てはめ、口々に語り始めます。ゆかさんの場合ならば、「なぜ一人で会長の家に行ったのか」「予測できたはず」などの言葉が飛び交ったことでしょう。また、「本当に嫌ならもっと抵抗できたはず」「なぜ振り払って逃げなかったのか」と言われるでしょう。現在、日本の警察や司法の場でも同様な対応が見られ、被害者が無防備であったことや抵抗できなかったことの責任が問われ、同意のない性行為そのものを犯罪とする規定はありません。なぜ逃げられなかったのか、その理由について、被害者自身が自らを問い続けなければならない構造がここにあります。

■女性支援の仕事は、当時の自分を支援することに重なる

女性支援の仕事に就いたゆかさんは、今の自分のありようやその後の人生をとても気に入っていると話します。目の前の被害者の状況は、かつて自分がどこかの時点で感じたことそのままで、気持ちを受け止めながら冷静に状況を読み解いて支援していく過程そのものが、当時の自分を支援することに重なっているように感じるそうです。女性支援の現場はこうした支援者によっても担われています。ジェンダー視点や性暴力被害への認識が不十分な心理の専門家やカウンセラーでは、被害者の状況の理解は難しいでしょう。法制化や制度整備、支援のための資源整備などと

ともに、性被害を熟知して当事者に寄り添う支援者が必要とされるところです。

性被害は「魂の殺人」か

回復の道のりについて、性被害当事者の証言を集めた名著『生きる勇気と癒す力』（エレン・バス、ローラ・デイビス共著、原美奈子、二見れい子共訳、三一書房）の中では、次のように整理されています。

記憶の糸をたどり、安全な場でそのことと向き合うこと、麻痺させた感情を取り戻し、沈黙を破って、自分のせいではなかったと認識し直す。自分を信頼して喪失を嘆き、対決してそこから先に進むこと。そのことの影響による生き難い現在の自分を少しずつ変化させて自尊心を取り戻し、自分の身体や感情、親密な関係を受け入れるなど、自分を取り戻す長い作業が必要、と。

性被害は、その出来事が起きた年齢や加害者との関係性、暴力や強要のありようなど、被害自体が一様ではなく、必ずしも同じ回復のプロセスをたどるわけではありません。しかし、その一方で、性をめぐる問題によって、なぜ人はこれほどに傷つかねばならないのか。性被害は「魂の殺人」であり、生涯癒えることのないような傷をもたらすといわれます。ただ、その言説自体が、被害者自身に重くのしかかるからではないでしょうか。望まない性行為は暴力そのものであり、暴力被害にあった人が自らの責任を感じることなど本来は不必要です。性差別社会の究極の表現である性暴力被害はだれにも起こりうる問題であるからこそ、向き合うことの難しさや重さを乗り越えていくことが求められているのです。

性犯罪が不同意罪でない日本の現状

2017年に改正された、強制性交等罪（旧強姦罪）の改正を審議した有識者会議では、これまでの抵抗や抗拒不能など被害者側の立証が必要とされた強姦の認定要件緩和を求める委員の意見に対し、「疑わしきは被告人の利益に」という刑法の大前提をくつがえすべきではない、客観的に立証可能な犯罪として性犯罪も裁くべき、被害者の同意の有無を性犯罪の認定要件とする「不同意罪」の考えは導入すべきではない、という意見が大半を占めたようです（『性犯罪の刑罰に関する検討会』取りまとめ報告書」平成27年8月）。

2014年に欧州評議会（EU加盟国、ロシア、トルコなどを含む47カ国が加盟）が採択したイスタンブール条約（女性に対する暴力及びドメスティック・バイオレンス防止条約）に批准した各国は、国内法を条約の求める要件に合わせるよう、強姦罪の基準を「不同意による性行為」の規定に見直しつつあります。しかし、日本では、この画期的な変革も、実務的な混乱などを理由に反対する委員も多く、刑法改正3年後の見直しでも導入は難しいといわれています。被害者にとって、性暴力は犯罪以外の何ものでもなく、客観的に判断できるもの以外は性犯罪ではない、被害者が抵抗しなかったので合意だと思い込んだという加害者の主張が通って無罪になるとは、いったいどんな社会でしょうか。

「性行為は必ず相手の同意が必要である」というごく普通のことが通らない男性中心社会であ

ることに、被害女性や支援者たちが声をあげはじめています。合意であったという側に立証責任を課し、確実な同意が証明されなければ有罪とするよう法整備がなされたら、これまでとはまったく違う恋愛や夫婦関係の、新しいコミュニケーションが始まるでしょう。女性が自らの身体やこころを取り戻して、のびやかに性を謳歌するような社会。私たちが強く望むならば、それはいつか現実のものとなるのです。

80年代から#MeToo運動まで

セクシュアル・ハラスメントは、1989年に、日本で初めてセクハラを理由とした裁判（福岡セクハラ訴訟[*1]）が申し立てられ、それ以降も京大矢野事件[*2]、秋田セクハラ裁判[*3]など、被害女性による民事裁判の申し立てによって、大きく社会問題化していきました。しかし、社会全体の法整備には、さらに10年以上の時間を要しました。

1999年4月施行の第一次改正男女雇用機会均等法によって、初めてセクシュアル・ハラスメントは法制化され、以降は研修やガイドラインの策定、相談窓口の整備が義務付けられました。しかし、その後日本では法的規制の強化にもかかわらず、現場のジェンダー平等や性被害防止の認識は進んでいません。パワハラなど、ハラスメント全般へと概念が拡大し、性別にかかわらないメンタルヘルスが重要視され、性被害への取り組みは薄められ中断したかのようでした。

そうした中で、昨年からの#MeToo運動の広がり、家庭内の性虐待や性暴力の不当判決への抗議などから、再び性被害についての取り組みに大きな動きが起きつつあります。

キャンパスセクハラ裁判を闘って――「もとの自分に戻りたいとは思わない」

最後に、改正均等法以前に訴えを起こして、その後長い裁判を闘ったキャンパスセクハラ事件の被害者の回復について報告しておきましょう。

キャンパスセクハラを日本で初めて問う鳴門教育大学セクシュアル・ハラスメント裁判は、1998年に徳島地裁、1999年に高松高裁での勝訴判決を勝ち取りました。原告女性の頑張りが、後の世代のセクハラ被害者にとっても大きな贈りものとなっています。現在は、仕事を持つ母親として、日々を忙しく過ごす彼女が、当時のことを振り返ってこんなふうに語ってくれました。

「セクハラを受け提訴に踏み切ってからの数年間、私はずっと真っ暗なトンネルの中で手探りしていて、何でこんなことが私に起きたのか、起きなかった前の自分に戻してもらいたいと考えてきました。でも、ある時期から自分自身の変化を感じるようになって、気が付けば真っ暗なトンネルを抜けて、いつか光の中にいたんですね。そのとき気付いたのは、トンネルに入ったときの自分とはまったく違った自分になっていたということ。トンネルに入ったときよりも明らかにパワーアップしていて、もっともっと自分らしくなっていたんです。今はもう、被害にあう前の自分に戻りたいとはまったく思っていません。トンネルを無我夢中で抜けて、その中でいろいろな人に出会い手助けしてもらいながら、私自身が変化していったんです」

ＰＴＧ（Post traumatic Growth：心的外傷後成長）という言葉が注目されています。トラウマ体験は人を傷つけ、心身に大きなダメージをもたらしますが、一方、その体験を経なければ得られなかったであろう個人の成長があり、それを表した言葉です。彼女の被害や、その後の裁判の状況を振り返ると、まず当事者が被害を正しく認識し、そのための知識を得ていったこと、時代の状況や人との出会いなどが、ＰＴＧにつながったのだろうと考えられます。さらに、彼女を直接知る者にとっては、ご両親の全面支援が印象的でした。子どもの頃からのびのび生きてきた彼女が、突然直面した大きな困難がセクハラでした。自分に起きたイヤなことを、イヤだと言っていい。当事者のその確信が、全体の状況を切り拓いていくということです。

そして、どのような条件下の被害者も、彼女同様の行動と回復の過程を歩めるよう支援する側の質と量が問われていると考えます。性被害に限らず、すべての暴力被害者の回復の先にＰＴＧが思い描けるよう、被害者に寄り添う社会をつくることが求められているのです。

（河野和代、福田由紀子）

（＊１）１９８９年、セクシュアル・ハラスメントを理由とする日本で初めての民事裁判。原告は、繰り返される性的な中傷などについて、会社と加害者の双方を訴えた。日本には判例がなかったが、アメリカではセクハラが「雇用における性差別の禁止に違反する」とする事例があり、弁護士をはじめとして多くの女性たちが支援して勝訴した。

（＊2）1993年、京都大学東南アジア研究センター所長の矢野教授による、複数名の女性秘書に対する数々のセクハラが明らかになり、人権救済が申し立てられた。女性教官懇話会代表によるメディアへの告発の投稿、それに対する反訴等の裁判の中で、数年間に及ぶ性行為を強要する悪質なセクハラが、権威ある大学内で起きていたことが明らかになった。性被害における被害者の心理について、フェミニストカウンセラーの井上摩耶子が意見書を書いている。

（＊3）1997年1月「秋田セクシュアルハラスメント一審判決」において「強制わいせつ行為はなかった」として請求が棄却された。弁護人3人、その他のサポーターは驚き怒り意見書を提出。また、フェミニストカウンセリング学会元代表の本書編著者河野貴代美も、鑑定意見書において「嫌だったらもっと抵抗したはず、キャーと言って逃げるはず、助けを呼ぶはず」といった通説・俗説に、調査証拠をあげて反論している。本件はたくさんの研究者をも含んだ大きな運動になり、結果的には勝訴した（秋田セクシュアルハラスメント裁判Aさんを支える会編『セクハラ神話はもういらない』教育史料出版会、2000）。

【参考図書】

●エレン・バス、ローラ・デイビス共著、原美奈子、二見れい子共訳、『生きる勇気と癒す力』（新装改訂版）三一書房　2014

第3章

私のことは私が決める——パートナーシップの行方

女性の性的主体性

この章では、結婚制度そのものの揺らぎというか、恋愛、結婚、出産の三位一体が近代社会の「正しい」性愛として称揚される一方で、女性自身がこの三位一体システムから脱出（しようと）している現状を考えてみます。とくに注目されるのは、パートナーシップにおいて性的主体性（セクシュアリティ）が再び問われていると思われることです。

かつて、「抱かれる女から抱く女へ」というスローガンが掲げられましたが、はたしてそれは現実のものになってきたのでしょうか。女性は自分の性を取り戻してきたのでしょうか。婚外恋愛のかたちは変わってきたのでしょうか。結婚制度内、制度外を含めてパートナーとの関係は〝淡い関係〟とでもいうようなものに変わってきているのでしょうか。昔は、性器は特定の男性（多くは夫）にしか見せない、マスターベーションはしてはいけないなどといった、女性のセクシュアリティに関し多くのタブーがありましたが、女性用のおしゃれな性具がネットで簡単に購入できるようになったことや、女性用ＡＶ（アダルトビデオ）や風俗などの出現によって、女性は解放されてきたのでしょうか。

一方、セックスレスは、カウンセリングの中でよく取り上げられる問題です。セックスレスは、身体的な問題のみならず精神的な問題でもあり、何より二人の関係性の問題なので、これらをバラバラに切り離して考えることは困難です。ただ、女性が我慢して〝子産み機械〟に甘んじているのではなく、セックスがつらいということを言えるようになってきました。子どもが生まれたらセックスをしたくなくなったという女性もいます。換言すれば、これらは、結婚制度の問題というより、パートナーシップ・イシューと考えてもいいのではないでしょうか。

女性にとって、結婚制度をあらためて考えたり、そこから脱出を試みようとすればするほど、相手（パートナー）を直視せざるを得ません。あるいは初めから、相手に何を期待するかを問わないまま、「親友」と「パートナー」の間を行き来する女性もいるでしょう。法制度としては夫婦別姓すら実現していないけれども、個々の関係性は多種多様に変化しているのが、今の女性の状況といえるでしょう。

次に、現代のパートナーシップを考えるいくつかの事例を紹介していきましょう。

事例1　妻子のある男性との「淡い関係」

れいかさんは、40代後半の単身でキャリア女性として働いています。年下の恋人には妻子がいるものの、れいかさんとはもう10年近く続いている仲。彼とは、れいかさんの自宅にたまに来て食事を共にしTVを一緒に見て話すだけの関係です。彼女が超多忙のため、映画を見たり外食をするのは年に一度程度。慎重にしているから、妻は知らない、と彼は言っているそうです。多忙な彼女は、それ以上の時間もエネルギーも彼との関係にさけないと言います。彼に妻と別れてほしいとも思わないし、彼の家庭にも関心がありません。むしろ、「妻と別れるから結婚してくれ」

などと言われては困るそうです。彼も、もっと頻繁に会いたいと言うことはなく、いわば「淡い関係」で二人ともいいと思っているようです。逆に「真剣な関係」は重くうっとうしいと、れいかさんは言います。

■過大な期待をしない無言の「契約」

今の関係で双方困っていないそうですが、ある意味で、かなり危ういバランスの上に成り立っているともいえそうです。なぜなら、相手が「もう会わない」と言ったり、約束の時間に現れないようなことがあっても、追いかけたり責めたりはしないでしょうし、互いに関係を持続しようという強い意思は見られないからです。一方で、それでも10年近く継続しているのは、関係の「淡さ」、つまり相手に過大な期待をしない、という逆説とも思われる無言の「契約」が互いに成立しているからでしょう。さらに同居していないために、日常生活のゴタゴタが持ち込まれないのも継続可能性に寄与していると思われます。

れいかさんには親しい女性の友人が数人います。困ったことを聞いてもらったりするのは、彼ではなく親友の彼女たちです。皆、キャリアのある女性として働いています。

れいかさんのような経済的自立を果たしている女性は、男性に深い精神的依存をすることもなく、ちょっと会って食事やセックスをしている関係でも、それでもお互いが必要なのでしょう。

れいかさんの生き方は、意識するにしろ、しないにしろ、これまでの男性がモデルのようにも見えます。むしろ、男性であれば生活上の自立ができていないため、結婚を継続しながら婚外の付き合いということになるのかもしれませんが。

事例2　ここにいない夫

たかこさんは60代後半の主婦です。すでに退職した夫は、かつては猛烈社員だったそうで、たかこさんは会社に泊まり込んだ夫に下着や着替えを届けたこともあったとか。たかこさんは、子どもが高校生になってから一時パートで働いたり、友人や子どもの依頼で、手仕事でちょっとしたものをつくるとか、ボランティアにも参加するなどして忙しく暮らしてきました。ただ、現在、夫と二人だけの家庭をつないできたのはペットのウサギです。会話はほぼウサギをめぐってでした。

あるとき、たかこさんがクモ膜下出血で倒れ、入院し手術を受けることになりました。幸い発見が早く手術は成功します。病院を訪れた夫は、もちろん彼女の病状を気にかけてはいましたが、それは表面上のように見え、結局は彼女に何かあった場合の自分の身の処し方を心配しているのだと気が付いたと、たかこさんは言います。

長い間の暮らしの中で、夫に期待することはないと諦めていたものの、外ではとても「いい人」と見られながら、彼の自己中心的な性格が今回のことであまりにも露わに見えてしまい、体が震えたそうです。「夫をパートナーとして見ていなかったのですね。何だか気持ちが通わないいなぁ、と思ってきましたが、〝夫婦一単位〟だったのかしら」と、たかこさん。「夫婦一単位」とは、「あなたはあなた、私は私」と境界線が引けない状態を表す興味深い言葉だと思います。

何かを一緒にするとか、趣味を共有することもなく、映画にすら一緒にでかけない夫婦がたくさんいます。たかこさんも、会社人間の夫とほとんど相互のコミュニケーションがないまま忙しく暮らしてきました。「この人は会社に全身をささげているのだ」と諦めながら、4人の子どもが就学時期は子育てに多忙。そのうち、「夫はどこにいるのだろう？」と思い始めます。ココにいて、ココにいない。退職後さえ、考えてみればドコにもいない。植木でも水をやり肥料を与えれば、ちゃんと育って芽を出すなどそれなりの反応があります。なのに、夫に食事を出しても何の反応もない。ウサギのこと以外、何の会話もない。「私は、植木ですらない人といるのか」と、たかこさんはがく然としたそうです。

■ファザーレス家庭と「関係性」の危うさ

たかこさんのような夫婦関係は決して珍しくありません。夫は暴力的でもないし、キチンと給料は入れる。子どもが小さい頃は、ほんの申しわけ程度に夫は遊びにも付き合ったこともありますが、基本的にファザーレス家庭、会社人間の夫は不在の家庭生活でした。当然のごとく、夫に生活上の能力はほとんどありません。妻が急死したある男性は、貯金通帳や保険証書どころか、靴下ひとつどこにあるかわからない。結局、結婚して家を出た娘たちが入れ替わり立ち替わり実家に来てサポートしてくれたそうです。

ファザーレスに関して言えば、役割社会のわが国では時代が変わっても、（社会的）役割をその求めるところに従って遂行していればたいした支障はないように見えます。ある女性が、「私って、あなたにとって何なのよ」と夫に言ったところ、夫は、「妻であり、母だろう」と答えたといいます。彼には質問の意味がわからなかったようです。つまり、パートナーではないのです。そして、このような「関係性」の危うさに鋭いのは女性のほうだといえます。ファザーレス家庭で母子関係が相当に長く続き、女性が息子・娘たちとの「関係性」を熟慮しなければならない問題が押し寄せるからでしょう。

事例3　婚外関係によって自尊心を取り戻す

あゆみさん（39歳）の夫は大学院の研究室で一緒だった先輩です。夫は大学に残り、あゆみさんは民間の研究機関に就職しました。26歳で結婚し、長子の出産を機に退職。2人の子どもがいます。

あゆみさんは末子の小学校入学と同時に民間企業でパートや派遣で働き始めました。今の会社で出会ったのが8歳年下の彼です。2年前、同じプロジェクトチームで働いたのを機に、惹かれ合ったそうです。なのに、「夫との関係は良好で、結婚相手として夫以上の人はいない」と言います。子煩悩で、家族のことを大切にしてくれる。仕事もできて頭もいい。しかし、末子出産後はセックスレスで、「何年も前から夫に触れない」とのこと。夫からスキンシップを求めてくることもないそうです。「断り続けてきたので、諦めたのかもしれない」と、あゆみさん。

話を聞いていくうちに、年下の彼に惹かれたさまざまな要因が浮かび上がってきました。まず、彼には職業人としてのあゆみさんに対するリスペクトがありました。専門性を生かせるとは言い難い職場ですが、仕事に取り組む姿勢や機転に対し、素直に尊敬の気持ちを表し、仕事のパートナーとして意見を尊重してくれることがうれしかったとあゆみさんは言います。大学で研究者として実績を積み上げている夫や、専業主婦の実母からは、「そんな仕事は辞めて、家事や育児に専念しろ」と言われており、自分を否定されているように感じていたそうです。

「仕事を大事に思う私は、母親として失格だという後ろめたさに苦しんできました。夫は子どもたちとの関係も良く、子育てにおいては最良のパートナーだと思うので自分から離婚を言い出すつもりはありません。でも、夫から離婚を求められれば応じます」と、あゆみさん。「夫と二人の老後が想像できないから」とのこと。しかし、彼との結婚は望んでおらず、もし夫と離婚しても、実家の両親の援助を受けながら一人で子どもを育てるつもりだそう。「彼は独身だし、いつまでもこんな関係が続くとは思っていません。でも、一人の人間として当たり前に働くことを大切にしたかった私は、仕事をしている私を評価してくれた彼の存在が大きく、自尊心を取り戻すことができました」

それから1年、彼との関係は夫にバレることなく、あゆみさんの転職を機に自然消滅しました。

キャリアアップを果たした彼女は、「出会いがあれば、結婚生活を続けたまま、また恋愛をするかもしれない」と言っています。

事例4　年下男性とのセックスで女としての自信を回復

49歳専業主婦のみきさんには、2年前に出会い系サイトで知り合った年下のセフレ（セックスフレンド）がいます。一人息子が大学進学と同時に家を出て、夫と二人の生活を息苦しく感じていたとき、友達がほしいと気楽な気持ちでサイトに登録し、最初に会った既婚者の彼とときどき会うようになりました。些細なことで笑い合えたり、気持ちに寄り添って話を聞いてくれるところがよかったと言います。

最初は食事やドライブにいくだけの関係で恋愛感情を楽しむ程度でしたが、夫の出張中に初めてホテルに入りました。そういうことになるかもと、新しい下着を着けて行ったそうです。「初めて彼が私の裸を見たとき、『セクシーな体をしてるね』と言ったんです。それがうれしかった」と、みきさん。「夫とは、ほぼセックスレス。年に数回、夫が欲情したときにパジャマの下半身だけを脱がされて前戯もほとんどなく挿入。夫が射精するための道具に使われているように感じていました」

彼とはお互い既婚者なので、深く詮索しないというのが暗黙のルールになっていて、みきさんは年齢を10歳ほど「サバを読んで」伝えているそうです。32歳の彼は実際には17歳年下で、「はるかに若い男性が、自分の体に欲情し丁寧に扱ってくれることで女としての自分に自信が持てるんです」と、みきさんは語ります。

再婚は考えていない

婚外関係を妻にうまく隠しているつもりだったのに、突然、離婚をつきつけられて狼狽する男性が多い反面、女性の場合は、何年も夫に気付かれることなく相手との関係を「両立」し、漠然と離婚を視野に入れている人が多い印象があります。とはいえ、離婚しても付き合っている相手との再婚を考えていないというのは、昨今の特徴のようです。「結婚はもうこりごり」という話もよく聞きます。

家庭という〝基地〟は守りつつ、そこでは満たされない自分にとっての重要な価値――キャリアの意義や、女性として大切にされること――の実現を婚外恋愛、あるいは婚外セックスで満たそうというのだとしたら、リスクを負いながらの〝冒険〟といえるのでしょうか。

一見、良好な夫婦関係に見えても、「妊娠、出産、子育てのいちばん大変なときに、夫は何もしてくれなかった。ひどい仕打ちを受けた」と、禍根を残している女性は少なくありません。子どもが成人してからの熟年離婚の多さも、女性が夫を子育てのパートナーと割り切って我慢してきた（あるいは、諦めてきた）結果なのでしょうか。女性が離婚を思いとどまるのは主に経済的な理由のためです。「子育てのためのユニット」としての家族機能の比重が高まっている時期に、いかに夫婦間のパートナーシップを築くかが、結婚生活継続のカギを握っているのかもしれません。

性をめぐるコミュニケーション

男性の浮気や性風俗店の利用が容認される一方で、女性の婚姻外のセックスは長らくタブー視されてきました。しかし最近は、事例にもあるように、夫以外の男性とセックスしたことがあるという既婚女性が少なからずいます。インターネットの普及によって出会いが容易になったことも関係しているのでしょうが、何より女性が「結婚したら夫としかセックスしてはいけない」という社会のルールを窮屈に感じはじめてきたということが大きいように思います。

婚姻外のセックスをしていても、事例3のあゆみさんのように、夫に対し自分から離婚を切り出すほどの大きな不満はないと言います。また、「彼」とセックスすることによって、夫にやさしくできるとも。こうした後ろめたさを抱えた夫婦関係は、かつて男性側からよく聞かれたものでした。

今では、夫や彼とのセックスレスに悩む女性の声が、普通に聞かれるようになりました。かつて女性が「セックスしたい」と言えば、「淫乱」「性的に奔放」「ふしだら」等の烙印が押されていたことを考えれば、時代は進化したといえます。セックスレスの問題とは、パートナー関係における性行動の不一致の問題であり、お互いがそれで良ければ何の問題もありません。望まないセックスの強要や避妊に協力しないなどの性的ＤＶが女性のセックスの悩みであるのは今も相変わらずですが、一方「より良きセックス」を求めてもいいと気付いた女性が、どのように相手にそれを伝えるのか、伝えても理解を得られないなど、性をめぐるコミュニケーションの問題がカウンセリングで語られるようになりました。性的快楽は、もちろん親密さや安心感がベースですが、相手を気遣い配慮するよりも、自分の感覚に集中することが求められます。しかし、相手からどう見られるのか、あるいはどう思われるか、常に視線の客体であり、相手を気遣うケア役割の女性ジェンダーによって、性的主体を確立する難しさを今も多くの女性たちが感じています。

当たり前を疑ってみる

しおりさん（40歳）は、家族や母親との関係などが主訴でカウンセリングに訪れ、カウンセラーとの信頼関係が深まって、夫とのセックスレスの問題をやっと話せるようになりました。若い頃の自分の性関係を丁寧に振り返り、夫とは性的嗜好が合わず、ものたりなく感じているが、生活上はこのうえないパートナーであり、別れたいとはまったく思っていないとのこと。夫との性関係を復活させるために、しおりさんはさまざまな働きかけをしましたが、あるとき、言えば言うほど夫は委縮してロマンチックな関係とは程遠くなっていくと気付いたそうです。その後、子どもの小学校入学をめぐって、学校や教育委員会との関わりに熱心に取り組んでいたしおりさんは、ふと気付くとセックスレスであることはもうどうでもよくなっていたそうです。そのときどきに自分が焦点を当てた課題に精一杯立ち向かい、考えたり表現したりすること自体が、自分のやりたいことなのかもしれない。セックスに限らず夫の表現がいつも控えめなため、過剰な自分がこの先、夫と平穏に暮らしていけるのかという不安こそが、じつは本当の悩みだったようだとしおりさんは振り返りました。

コミュニケーションや自己表現が苦手な男性を相手に、女性たちはしおりさんのような焦燥感を持ち、気持ちを推し量ることに疲れ果てます。性については、率直に語り合うことがまだまだ難しいうえに、自分を肯定しつつ目の前の他者も肯定してネゴシエートするという高度なコミュニケーションが必要とされます。セックスレス自体が解決したわけでもなく、しおりさんはこれからもたびたび自分の欲望と向き合うことでしょう。夫への性的アプローチを再開するのか断念するのか、また関係そのものの変化や解消もありうるのかもしれません。いずれにしても、女性が性的自己決定力を持つには、性のタブーやジェンダーのとらわれに気付いて、当たり前だと思ってきたことを疑ってみること、自分の身体やこころをそのままに受け止めるところから始まります。

性的主体としての自分を肯定的に受け止める

ここ数年、急激に増加してきていると感じるのが、女性が年上で、しかも相手とかなりの年齢差がある関係です。年上の女性と恋愛関係になる男性は、若さや従順さを女性の評価基準にしていないことが多いため、対等な関係を築きやすいことが魅力のようです。性的な関係を伴わないデートや、食事をして男性に金銭的な援助をする「ママ活」や「レンタル彼氏」なども、女性として、あるいは人生の先輩として尊重され、大切に扱われることへのニーズが女性側にあるからでしょう。

女性の婚外恋愛の背景には、妻を性的対象として見なくなった、あるいは性欲解消の道具のように扱う夫に対する不満があります。「亭主妬くほど女房もてもせず」と、たかをくくり、妻の下着がセクシーなものに変わっていたり、おしゃれに気を遣うようになっても気付かないなど、夫に性的な存在として扱われなくなったことへの不安や焦りも後押ししているのでしょう。

女性用AVも注目を集めています。男性向けのAVが、女性の顔や体、結合部をアップした映像であるのに対し、女性用AVは、容姿端麗な男優を起用して関係性を丁寧に描いています。離れた位置からソフトなセックスを見ているような映像で、暴力的な表現はありません。避妊具をつけるシーンがあることも特徴です。

また、最近は女性がマスターベーションに使うための性的な玩具もネットで簡単に購入できるようになり、女性が男性から性的なサービスを受ける「女性用風俗」も出てきました。これまでタブーとされてきた「女性の性」がクローズアップされているのは、女性たちが性的な主体としての自分をしなやかに肯定的に受け止める風潮が生まれてきているからだと感じます。

パートナー関係の多様性

ここであえて倫理観を排除して、パートナーとの関係性そのものについて整理してみましょう。単婚、一夫一婦制はモノガミーと呼ばれ、農耕社会の土地所有から固定した家族、モノガミーが生まれたとされています。対して、排他的な一夫一婦制ではない関係はノンモノガミーと呼ばれています。ノンモノガミーは関係者全員の合意に基づき、多重的な性愛関係やロマンチックな関係を含むライフスタイル、またはその関係性を指しています。また、一度には一人とだけ性愛関係を持つが、そのパートナーと別れて新しいパートナーを持つことで、人生全体においては複数の性愛パートナーを持つ人間関係のあり方は、「シリアルモノガミー」(連続単婚)と呼ばれます。

結婚や離婚、その後の再婚など、個人の人生において、かつてのように「一度結婚したからには一生添いとげるべき」という価値観が希薄になった現在、パートナーとの関係性の多様化について考えることが求められています。

現状は、同性パートナーシップ、選択的シングルマザー、選択的夫婦別姓の制度整備など、家族や結婚にまつわる人間関係が多様化しています。個々の女性の選択を支持する立場のフェミニストカウンセリングでは、女性の親密な関係性の多様化を肯定的に受け止めて、それを社会がどのように容認していくかという視点でも、パートナーとの関係性の問題をとらえる必要があるでしょう。

すべての人が多様な性の当事者——「LGBT」から「SOGIE」へ

性的マイノリティを表す「LGBT」という言葉は、ここ数年で急速に普及しました。「LGBT」は、同性を好きになるレズビアン（L）やゲイ（G）、好きになる対象が両性のバイセクシュアル（B）、出生時に割り当てられた性別と性自認が異なるトランスジェンダー（T）の頭文字をとり、性的マイノリティの総称として使われてきました。テレビの福祉番組やドキュメンタリー番組で取り上げられるほか、性的マイノリティをテーマにしたドラマも増えました。性的マイノリティの存在が可視化され、理解が進んだのは喜ばしいことです。しかし、「特別な人たち」として認識されていることも多く、性的マイノリティが、さらに行き場をなくすという問題も出てきました。

そうした中、あらゆる多様な性のあり方を包括する「SOGIE」という用語が普及し始めています。「Sexual Orientation：性的指向（恋愛・性愛がどういう対象に向かうか）」、「Gender Identity：性自認（自分の性をどのように認識しているか）」、「Gender Expression：ジェンダー表現（見た目、しぐさ、服装など自分自身を表現する性）」を組み合わせたもので、だれもが持っている性のあり方をかたちづくる要素からなる言葉です。性の中にある要素を分けてとらえ直すことで、組み合わせや表現は無数で、人の数だけ性があることが見えてきます。今まで自分自身は性的マイノリティではないと認識していた人も、「SOGIE」をもとに自分の性を考えることで、多数派であっても無関係なことではなくなり、私たちのすべてが多様な性を持つ当事者であると認識しやすくなります。

トランス女性排除に毅然とした反論を

一方で、国会議員が「LGBTは生産性がない」「LGBTばかりでは国がつぶれる」と発言するなど、性的マイノリティ排除の問題も深刻です。たとえば、トランスジェンダーの異性愛者が法律婚をするには、戸籍の性別変更が必要ですが、それには、さまざまな要件があります。性同一性障害と診断されている、結婚していない、子どもがいないといったもののほかに、「生殖機能が失われていること」「外性器が望む性に似たかたちをしていること」といった要件もあり、これらが当事者を苦しめてきました。下着の中まで「あるべき姿」になっているかを確認され、性別変更するなら子どもは持ってはいけないということです。こうした排除の背景には多様な性についての認識不足のほかに、「男と女が法律婚をして、子どもを生む」という画一的な家族像があります。

そうした中、「フェミニストによるトランスジェンダー排除」の問題が大きな話題になっています。お茶の水女子大学がトランス女性の受験を認めたことに対して、「女子大に男子を入れたら女子大の意義がそこなわれる」「トイレや更衣室はどうするのか」などの批判が自称フェミニストによって、ツイッターに投稿されるようになりました。「ペニスを持ったトランスジェンダーによる性被害」といったものもあり、ネット上でトランス排除の声が大きくなりました。

しかし、このような動きに対して、「トランス女性に対する差別と排除に反対するフェミニストおよびジェンダー／セクシュアリティ研究者の声明」[*1]が出されています。一方で、「フェミニストなのに女性をないがしろにして、トランス女性の味方をするのはけしからん」という声もあがっているのです。

フェミニズムは、これまですべての人に対する差別や排除に反対する立場を取ってきました。ジェンダーアイデンティティは、外性器の形状や生殖能力によって他者から判断されるものではありません。「体もこころも私のもの」「私のことは私が決める」という、フェミニズムの根幹に関わる個の尊重が否定され、区分して排除することがあってはなりません。ＬＧＢＴをめぐる大きな流れは、現在さまざまな混乱をもたらしており、フェミニズムの側が理路整然と、毅然と発言していくことが求められています。社会全体のジェンダーや身体的性別への正しい理解をうながして、差別や排除に立ち向かっていくことが必要とされているのです。

レズビアンカップルが子どもを持つこと

えみさんはレズビアンで女性のパートナーと暮らしています。お互い30代半ばに差しかかり、子どもを持つか持たないかということについて話し合う機会が増えてきました。えみさんもパートナーも、子どもを産んで二人で育てていきたいと思っています。そこで直面しているのが、どちらが子どもを産むか、父親はどうするか、さらには経済的な問題です。えみさんはパートナーより収入がありますが、パートナーは「子どもはほしいけれど、妊娠出産には抵抗がある」とのことです。えみさんは子どもを産んでみたいという気持ちがあるため、自分が産もうと思っていますが、経済的な不安もあります。「ゲイのカップルはレズビアンよりも裕福なのでうらやましい」という言葉は、この国の男女の賃金格差を反映しています。

また、大きく立ちはだかるのが、父親の問題です。日本ではドナーの精子を使った人工授精は不妊の法定婚夫婦に限定されていますし、事実婚として人工授精を希望する場合も戸籍や住民票の提出、同居の証明が必要なため現実的ではありません。「仲のいいゲイの男性にお願いすることを考えていますが、男性とセックスをするのは抵抗があります。精子だけを提供してもらって膣内に挿入すれば妊娠できるでしょうか。妊娠できたとしても、彼が子どもに関わりたいと言ったときにどうするかなど、問題は山積みです」と語ります。

求められる当事者の人権への配慮

性的マイノリティのパートナーシップ制度について、世界の流れを受けて、日本でも導入が検討されるようになっています。その動きにフェミニストカウンセリングはもちろん肯定的な立場ですが、制度化や法制化から必ずこぼれ落ちる人が出てくること、政治的な課題となることによって当事者自らの思いと運動の乖離が起きることなども懸念されます。

また、性的マイノリティであるだけで同じカテゴリーで語れるはずもなく、それぞれの当事者が持つ社会的ジェンダー規範も大きく異なります。そうしたジェンダーへの認識や当事者の人権について十分に配慮されないまま大きな話題になることでの弊害なども、カウンセリング場面では訴えられています。

女性であるかほさん（40歳）は、10代後半から自らが好きになるのは異性ではなく、同性であることを自覚するようになりました。一時期は「偽装結婚」（かほさんの表現）しようかとも考えたものの、現在は働きながらそのままの自分を生きていこうと平穏に暮らしていました。かほさんは団体職員ですが、男性上司から「なぜ結婚しないのか」などのセクハラ発言が相次いで耐え難く感じ、女性の上司に相談します。その上司が自分のために動いてくれたことから、彼女を慕う気持ちが強くなりました。かほさんは、女性上司と個別に親密な関係になりたいとか、性的な関係を結びたいという気持ちはまったくなく、ただ憧れの気持ちだったと話します。何度もセクハラ加害者に注意してくれた女性上司に対して誠実でありたいと思ったかほさんは、彼女にカミングアウトしました。

その後、職場の人権研修でLGBT問題が取り上げられ、外部講師を呼んでの学習会の場に、かほさんも女性上司にうながされて出席しました。さらに、外部講師へのカミングアウトを勧められたかほさんは、女性上司の言う通りにしたのですが、その後の懇親会の場で、講師によるアウティングが起きてしまいます。驚いたかほさんは納得できない気持ちから、講師に対し人権侵害だと伝えて二度と呼ばないで欲しいと女性上司に強く訴えました。ところが、彼女はかほさんのたび重なる訴えをうっとうしく感じ、自分への執着と嫉妬心からだと考え、周囲にレズビアン女性からストーカー被害を受けていると吹聴するようになったのです。さらにはストーカー行為を注意してほしいと、別の男性上司にまでアウティングします。その結果、ストーカー加害の聞き取りと称する場で、男性上司に話したくもないプライバシーをこと細かく聞かれます。これら一連の対応は、かほさんを打ちのめしました。心身の不調によって休職したかほさんは、このままでは、ストーカー被害と称してどこまでアウティングが拡大するかわからないうえ、休職も「単なるメンタルヘルスの問題」としてしか扱われない中で、どんどん心理的に追い詰められていきました。

個人の心情や選択が踏みにじられてはならない

性的マイノリティ問題が、個々の当事者の人権に配慮することなく、啓発を進めることが優先されると、こうした問題が今後も起きる懸念があります。当事者にとって、アウティング行為とは生活を破壊され心身の健康をそこねるほどの重大な問題である、との認識を持てない人がこの問題に数多く関わるようになった、それが現在の状況であるということです。

女性の人権に関わる問題も同じですが、フェミニストカウンセリングは、政治課題によって個人の心情や選択が踏みにじられてはならないと考えています。個々の状況や選択をくみ上げ、それを政治課題へと押し上げるボトムアップが原則です。
ジェンダーの問題は、あらゆる場面で私たちの生活や心理状況、家族やパートナーシップの問題から、個人の最もプライバシーに関わる領域に至るまで深く関係しています。
ジェンダー視点や人権意識が立ち遅れているといわれる日本社会では、今なおジェンダーバックラッシュが吹き荒れており、政権中枢からもヘイトスピーチが繰り返されています。今こそ、「私のことは私が決める」というフェミニズムの真価が問われる時代を迎えているのです。

（河野和代、福田由紀子、河野貴代美）

（＊1）https://wan.or.jp/article/show/8254

第4章

さまよう家族

立ち位置によって違う家族像が表れる

家族のありようが桎梏になっても離れられない関係性

本章は、現代の家族がテーマですが、数年前、筆者（河野貴代美）が、レズビアンのカップルに子どもが欲しいという相談を受け、日本ではまだ希少なケースだが、今後増えるだろうと言い、しかし人工授精の問題、子どもの養育、親権の問題、二人が別れたときの問題等を相当に覚悟しなければならないと思う、とも付け加えました。

知人のアメリカに住むレズビアン・カップルの子どもは、すでに20代半ばですが、現在は異性愛者として生きています。「彼はフェミニストですよ」と、親はうれしそうです。現在は、性自認がXジェンダー（男でも女でもない、または両方）であると表明する人や、シスジェンダー（生まれたときの身体的性別と性自認が一致している）であるとはどういうことかと問う人たちも存在します。しかし考えてみれば、異性愛のカップルが子どもをつくる場合も、レズビアン・カップルについて先に指摘したような問題は常にあります。また、両親そろっているというのも現実的ではありません。初めから親がシングルであるとか、離婚や死別で親がシングルになった子どもは大勢います。

さまざまな家族の形態があり、そのありようが家族のメンバーにとって桎梏《しっこく》になってもならなくても、なかなか離れることのできない関係性をはらみます。昨今は家族や家族の「良さ」が連呼され、唯一のよりどころという幻想がまき散らされているように見えますが、実態はどうなのでしょうか。家族をどうとらえるかについては、立ち位置によって非常に違った家族像が表れるのではないでしょうか。本章では、家族のいろいろな側面についてどのように考えればいいか、問題提起をしたいと思います。次に紹介するのは、家族とその中の自分の立ち位置を考えさせられる事例です。

自分の行動も自分で決められない現状を変えたい

相談に来たあきこさんの主訴は、夫の両親、夫、子どもとの生活の中で彼らとの良い関係を築きながら自立したい、というものでした。自立とは何かを聞いてみれば、自分の考えを持ち、言葉にして表現することと答えました。30年近い結婚生活で、自分の考えなのか、婚家先の考えなのかわからなくなっている、自分の行動も自分で決められないのを改め、自分で決めたいというのが一つ目の訴え。二つ目は、家族や親族との関係の見直しをしたいということ。また、夫や親族への怒りをどうにかしたい、今のままでは生活がつらすぎるという話でした。

あきこさんは東京郊外の街で育ちました。父は工場のオーナーで製造業を営んでいましたが、婿養子で両親の夫婦関係はよくありませんでした。母親は気位が高く外出の多い社交家でした。長女のあきこさんはお手伝いさんに育てられ、母から愛された記憶はありません。家でぼんやりしていることが多かったあきこさんと、真面目だけれど寡黙で気の小さな父を、母は見下し小馬鹿にするのが常でした。家では長男だけが大切に育てられました。欲しい物はすべて買い与えられましたが、「心の中はいつも風が吹いているようだった」というのが子ども時代を語るあきこさんの言葉です。

凄絶な結婚生活での抑圧と孤立

27歳のとき、あきこさんは母の知人の紹介で隣町の裕福な自営業の長男と結婚します。すぐに義父母や義姉、義兄から、女のくせに家事も料理も下手だ、田舎者、器量が悪いなどと嘲りや暴力的な言葉を投げつけられます。夫は見て見ぬ振り。あきこさんは、「周りは全部敵」という思いと、同時に「女としてダメな私、悪いのは私」という自責感が強くなっていきます。オドオドしながら暮らし、家の中に居場所はなく孤立感や疎外感で苦しみます。あきこさんへの抑圧装置のような家族から、自身の存在価値を奪われ我慢だけを強いられるのですが、当時はそうした気付きはなく、あとになって気付いたと言います。周りへの怒りは無意識に抑圧され、ただただ必死で過ごす日々が続きました。

夫は地域の顔役で面倒見がよく信頼されています。過去には学校の役員や町内会の会長もやり、いつも華やかな女性たちに囲まれていました。女として自信が持てなかったあきこさんは、そうした夫や取り巻きの女性たちに対する怒りや嫉妬心に苛まれますが、その感情は抑圧され、女として不十分であるという罪悪感に苦しんでいました。

子どもは32歳と35歳で出産した長男、長女の2人。周りからの侮蔑的な視線や言葉に傷ついていたあきこさんは、長い間2人の子どもに目を向ける余裕がなく、子どもたちは父親や祖父母になついて育ちます。長男が22歳のとき、バイクに乗っていて交通事故に巻き込まれ、結果的には命を取りとめますが大ケガを負います。このとき、事故の責任の一端を負わねばならない長男の立場を、夫は周囲にひた隠しにしました。その結果、事故もケガも公にはされず、入院中の長男の世話に加えて、病院や警察、保険会社とのやり取りなど事故に関するあらゆることがあきこさんの肩にかかってきました。慣れていないそれらのことを何とかやりとげますが、あきこさんは体調を崩し通院を余儀なくされます。それなのに世間体ばかりを気にかけ何もなかったように振る舞う夫の態度に、初めて怒りの感情を意識します。同時に、子どもたちとの間にできてしまった心の距離感から生じる寂寥《せきりょう》感が心に重くのしかかるようになります。この苦しさを何とかしたいと、占い師を訪ねたり宗教の集会に行ったりしますが、求めているものではなく、最後にたどり着いたのがフェミニストカウンセリング・ルームでした。このときあきこさんは56歳でした。

ジェンダー規範にとらわれている自分への気付き

あきこさんの言葉の一つひとつは素朴ですが迫力がありました。夫や親族への怒りに感情が支配されると言葉も荒々しくなりますが、本当の気持ちに行き着くには、ある程度の時間が必要でした。周りから自分に求められていたものはジェンダー規範であり、望んでいたものはジェンダーの枠組みをはずしてこそできることなのだと、あきこさんは時間をかけながら理解していきました。

頭で理解しても実行は簡単ではありません。女らしくない自分は夫に相手にしてもらえない、家族から疎まれてきたのもそのせいだ、との思いから抜け出せない時間が続きます。意見など言わずに自分の存在を見えないものにしておけば攻撃はされない。一方で、自分の意見を持ちたい、自分のことは自分で決めたい。我慢ばかりしていると怒りはふくれあがる、どうしたらいいのか……。なかなか答えは見つかりませんでしたが、自分の気持ちを言葉にすることで、怒りが整理されていくことをあきこさんは見つけていきます。怒りの感情を自分の中で認めることに心地良さを感じ、「怒ることや意見を言うのは女らしくない」というラベルから次第に解放されていきます。自分の気持ちを感じ取ることが容易になると、自立とジェンダーの葛藤が次第に治まっていったのです。

あきこさんの変化は、夫にも影響を与えました。あるとき、隣家の人が偶然、あきこさんの写真を撮ってくれたのですが、その写真を見た夫が、「違う人のようだ。柔和になった、筋が通った顔になった」と、以前と違うあきこさんの顔や表情に気が付きます。その後、外にばかり目を向けていた夫が、あきこさんの目を見て話を聞くようになっていったそうです。徐々に行動的になりイキイキし始めたあきこさんを認めるようになった夫は、自分から妻に相談などもするようになります。あきこさんは初めての一人旅を経験したり、誰にも言わず大好きな湘南の高台に自分名義の墓地を購入したりと、自らの判断による体験を積み重ねていきました。

義父母も他界し、子どもたちは結婚します。近所に住むようになりますが、あきこさんは相変わらず子どもとの間に距離を感じていました。母の日や誕生日には子どもたちからプレゼントが届きますが、相談は母親にではなく父親にするのは変わりませんでした。それでいながら、ときどき遊びに来る孫たちの面倒をみるのは、夫ではなくあきこさんの役目でした。

あきこさんを取りまく家族関係は、結婚当初から見ると大きく変化していきます。夫はもともとマメな人で気軽に家事もします。二人暮らしの平穏な日々が続くようになり、あきこさんと話し合いのうえ、しばらく様子をみようとカウンセリングを一時中断することにしました。

自らの意思で有料老人ホームへ

カウンセリングを中断して3年目、あきこさんから「今考えているこれからの生き方を聴いてほしい」と連絡があり、カウンセリングを再開しました。あきこさんは足を痛めて介護保険の認定を受け、ショートステイを利用して月に1回1週間ほど施設に宿泊しているとのことでした。そして、その施設がいかに自分にとって居心地の良い場所であり楽しく過ごせるかを話してくれました。こんなにのびのびと自由でいられる状態は、家族の中では求めても得られないものだった、と言います。その後、あきこさんは最終的な選択として、家族から離れて一人で「有料老人ホーム」に入居しました。

あきこさんにとって家族とは、役割を持ち、責任を果たすものでした。血のつながりはあるけれども、それが安心や安全を保証してくれるわけではない、自分は一人じゃないと自由になれないのだと言い、「もうこれ以上家族の中で頑張りたくない。家族の世話はもう終わり。自分を大切にしたい」と、他人に囲まれた施設で得た安らぎを強調していました。

入居については、きっかけとなる大きな出来事があったわけではなく、自分名義の墓地を買った頃から考えていたことで、決心は徐々に培われてきたものなのだと語り、1カ月後にカウンセリングは終了しました。

自分で人生にピリオドを打つという選択

2年後、あきこさんの死をカウンセラーは知ることになります。あきこさんの長男から、「母が残したノートに名前と電話番号があったので。カウンセリングを受けていたことは聞いていました」と連絡があったのです。まだ70代半ば、自死でした。

家族がジェンダー規範に縛られているなら、あきこさんのジェンダー規範からの解放は、「古典的な」家族から離れることでもあります。あきこさんは、一人を選び、家族からも解放されたと思われました。では、なぜ自死なのか。自死とは、死を選択する強い意志がなければ成立しないものです。あきこさんの最後の意思とはどのようなものだったのでしょうか。

あきこさんは長いカウンセリングの時間を経て、自分の言葉を持ち、自分で決め、自分の意思で行動することができるようになりました。家族とも、十分とはいえずとも、何とか関係をつくり直しました。そして、さらなる解放を求めて家族から離れることを決めました。自由で、のびのびできる居場所を探し当てたはずでした。目的が達せられたことで、生きる意味を見失ったのでしょうか。あるいは目的だと思っていた場所はあきこさんが考えていたのとは違っていたのでしょうか。それとも、もう目的は達したと満足して生を閉じたのでしょうか。真実はわかりません。知る限り、あきこさんは生きることにとても真摯で貪欲でした。決して自分を見捨てない人だからこそ、あれだけの長い間、自分と向き合うことができたのだと思います。

自分で決め、自分で行動したいという気持ちを強く持つあきこさんは、人生の幕を閉じることもまた、自分で決めたかったのかもしれません。そう考えると、「もう終わり」と、自分で自分の人生にピリオドを打てたのは、ある意味でこれまでの人生に満足していたからかもしれないとも思います。ただ、離婚していないあきこさんの葬式は、「家族」が執り行ったはずです。自分にとって生きやすいよう家族関係をつくり変えたと思えたあきこさんにとって、家族とは何だったのでしょうか。さまざまな思いが頭をめぐるばかりです。

モラハラから家族を考える

モラハラに気付くこともできず自分を責める

最近はモラルハラスメント（以降、モラハラ）の相談を受けることが増えています。モラハラという言葉は、20世紀後半にフランスの精神科医マリー＝フランス・イルゴイエンヌによって唱えられました。彼女は、モラハラとは、言葉や態度で繰り返し相手を攻撃し、人格の尊厳を傷つける精神的な暴力のこと。心身に破壊的な傷を与え、精神的な殺人であり、身体的な暴力以上に犯罪である。被害者は加害者の攻撃から自分の身を守ることさえ困難である（簡略）（『モラル・ハラスメント―人を傷つけずにはいられない』マリー＝フランス・イルゴイエンヌ著、高野優訳、紀伊國屋書店）と述べています。肉体的な暴力は可視化しやすいが、精神的な暴力は見えにくいために、長い間潜在的にあったが、これまで放置されていた、と。

さらに、同書では加害者の特徴として、責任を他人に押し付ける、強い者には弱く、弱い者には強い、相手を傷つけるだけでなく「自分は悪い人間だ」と相手の罪悪感を増大させ、自分の身を守るために、他人の精神を平気で破壊する自己愛的な性格の強い人間である。さらに、支配と服従の関係をただ自分の利益のためだけにつくりあげ、ある事柄においてのみ感情的恐喝をするのではなく、常に感情的恐喝をしている状態、際限もなく非現実的なほど高い欲求を周囲の人にする、などを挙げています。

モラハラの最大の対策は、モラハラを受けていることに「気付く」ことだといわれますが、相談者の多くは当初、モラハラに気付いていません。たとえば、夫が帰ってくる足音が聞こえると、心臓がドキドキして気持ちが落ち着かない、理不尽なことをされても自分が悪いと思ってしまう、何をやるにも自信が持てず、いつも自分を責めてしまう。そうした訴えや身体症状など生きにくさを主訴として相談にやって来ます。ぎっしり線を引いた本を持参し、自分もモラハラを受けているのではないかと言ってくる人もいます。次に紹介するさとみさんもそんな一人でした。

突然機嫌が悪くなり延々と説教する夫に耐える日々

さとみさんは結婚して20年、高2の娘と中2の息子の2人の子がいます。ずっと転勤族で専業主婦でしたが、家族以外の人と付き合うことを夫が嫌うので学生時代の友人ともいっさい会えなくなってしまい、周りに話せる人がいません。実家に帰省しても、夫からいつ帰るのか何度も電話があり不機嫌になるので、あまり帰省しなくなってしまいました。

夫は、何か気に入らないことがあると口をきかなくなり無視が始まります。何が気に入らないのかわからず、聞いても「愛情があればわかるはずだ」と教えてくれません。「そんなこと普通するか?」と言って、突然機嫌が悪くなるときもあります。そんなときは黙って嵐が通りすぎるまで我慢するしかありません。

食事のときは、自分は会社の同期の中でいちばん出世が速いなど、自慢話を毎回聞かされます。ところが、話の途中で突然機嫌が悪くなると食事は中断、妻や子どもの欠点を延々とあげつらね説教が始まります。食事に手をつけず、「愛情がないから夫が食べたいものがわからないんだ」と責めるので、違う料理を出すと、「こんなムダ遣いをするのは働いてないから。お金の大切さがわからないからだ」と非難の内容が変わりどうしたらよいのかわからなくなります。子どもたちも父親の顔色をうかがい、怒らせないよう気を遣うので、食卓は緊張の場でした。食事に限らず、理由も言わずに突然口をきかなくなり、威圧的に振る舞い、「妻なのに夫の気持ちもわからないのか」と責められるのが常でした。反論すれば、「お前は世間知らずで常識がない、何もわかっていない」と正座させられ、2時間以上説教されることも。そのためか、自分の言動に自信がなく「これ変じゃないですか?」とか、「私、おかしくないですか?」と聞くのがさとみさんの口癖になっていました。

夫の帰宅時間が近付くと心臓がドキドキ、うつ状態に

このまま、誰とも話さずにいたらおかしくなると思い、子育ても一段落した頃、思い切って夫に「お願い」し、家族にいっさい負担をかけないという条件で週に1日パートの仕事を始めました。夫を怒らせないよう気を遣う日々だったので、週に1日でも家を出られることは、さとみさんにとって緊張から解放されホッとできる時間でした。さらに、職場の同僚の男性が彼女の話を

否定せず真剣に聴いてくれることに驚き、やがて安心できる存在として付き合うようになります。ところが、そのことで夫は会社に乗り込み、結局、さとみさんも相手の男性も辞めさせられてしまいました。夫はさとみさんの気持ちを聞くこともなく、「俺がすべてうまく処理してきた。相手に慰謝料を請求してやる」と自慢げに言うのでした。

その後、自宅軟禁状態が続き、毎日正座させられての説教です。「お前のしたことは、世間を知らないバカな女の反社会的な行動だ。訴えれば姦通罪で警察に捕まる。セレブの奥さんが火遊びしていたことが、社会からどう見られるか、お前はバカだからわからないんだ」と言いつのり、いくら謝っても許してもらえませんでした。「反社会的な不倫をして反省がない、不倫をした回数分、身体で返せ」とセックスを強要され、拒むと子どもに「不倫」をばらすと脅されました。精神的にまいってしまったさとみさんは、夫の帰宅時間が近付くと心臓がドキドキし、食事もできず眠れなくなり、精神科を受診すると、うつ病と診断されました。

愛情という名を使った支配だと気付く

その頃の相談は、買い物を口実に家を出てくるという状態でしたから、いつも短時間でした。相談に来ることが唯一の支えと毎回泣きながら話していました。相変わらず夫は、世間知らずの妻を教育し、社会で通用するようにするのが自分の役目と思っているようで、妻の言うことに耳は貸さず、教育という名の説教は続きました。

さとみさんはモラハラについての本を読み相談を継続することで、夫がしていることはモラハラであること、「家族を守るためにこんなに頑張っている」と言うけれども、夫は家族というかたちが好きなだけで、妻も子もアクセサリーにすぎないのだと感じるようになりました。夫からされていることは、愛情という名を使った支配ではないかと思うようになり、今までのようには暮らせないと離婚の決意を固めていきます。これまで家庭を守るために、何かにつけて反省しろという夫の仕打ちに耐えてきましたが、そのことが子どもたちにとっても、必ずしも良いことではないと考えるようになりました。

周囲からは「あなたのワガママ」と言われましたが、さとみさんは離婚を決意、勇気を出して夫に伝えました。夫は、「不貞したほうが離婚を言い出すなど信じられない、そんなことが世間で通用すると思うのか、常識がないバカか」と取り合ってくれませんでした。現在、さとみさんは夫には従順な態度で接していますが、すでに2年近く口をきいていません。子どもたちも離婚に賛成しているので、今は経済的に自立できるように準備しています。

「君は社会的に通用しない、だから僕が守ってあげる」という夫の言葉が、愛という名の縛りだと気付けたのは、会社の彼と付き合ったことも影響しているとさとみさんは思っています。「夫は自分の言うことをきくことが愛情と言うけれども、彼はそのままでいいと言ってくれました。夫との生活では笑うこともありませんでしたが、彼といると笑えるし、私らしくいられます」。また、「モラハラから抜け出よう、抜け出られるかもと思うようになったのは、いつも私を肯定的に見てくれる彼の存在と、相談を通して、自分だけが悪いのではない、何が正しいのかは自分で決めていいんだと思えるようになったことが大きいです」と、さとみさんは言います。

「あなたは悪くない」と言ってくれる場や人が不可欠

モラハラは、その人の人格や個性を奪い、自尊心や自信を奪う精神の破壊行為です。若くして結婚したこともあり、さとみさんは、世間や常識を背景に「正論」を振りかざす夫に抵抗できず、子どもたちが成人するまでは我慢しようと、婚姻生活を続けてきました。

そんなとき、勤務先で出会った男性と付き合うようになり、人として大切にされることや、思いやりのあるセックスを体験し、「自分を大切にする」ことに次第に気付いていきました。自分がそのまま丸ごと受け入れられる体験は、「自分のままでいい」と思える最大のエンパワーメントになります。相談では、自分が悪いことをしたから家庭を壊すことになったと後悔に揺れ動く気持ちを、一貫して「あなたは悪くない」と支えてきました。

モラハラを受けてきた人が、自分の気持ちに気付き言葉にできるようになるのは簡単ではありません。さとみさんが離婚を決めてから夫に言えるようになるまでに2年かかり、実際に行動に移すまでさらに1年が必要でした。心が壊れる前に、モラハラに気付き抜け出すには、「あなたは悪くない」と100万回言ってもらえる場や人が必要です。今の非寛容な社会では、「あなたが悪い」と言われる場や人ばかりです。このケースのように、家庭でさえモラハラがあり安全な場所ではないことがめずらしくありません。

かみ合わないコミュニケーションによるストレス

家庭におけるハラスメントは、家族幻想に基づく性別役割を口実に行われます。とくに「世間を知っている男は家庭しか知らない女より偉い」「男は社会を代表している」「稼いでいるほうが偉い」「家事・育児能力のない女は、女として価値がない」ということを、社会や世間を持ち出し、社会で通用しない人間であるという責め方を執拗にしてくるときに、性別役割分担という「家庭内装置」を使っているといえるでしょう。

また、モラハラが言葉のDVより深刻なダメージを与えるとするならば、それは世間にある性差別を理由に使われるからです。言葉のDVとは罵倒、侮辱、攻撃などいわゆる言葉自体の暴力ですが、モラハラはそれに加えて、被害者が自分の記憶を疑ってしまうように、激変する相手の態度や指示、一見何でもないような嫌がらせの積み重ね、作為的なスレ違い、つまりはかみ合わないコミュニケーションによるストレスが挙げられます。

そのため、自己覚知がないまま、自分のワガママで子どもたちに今より生活レベルを落とさせるのはかわいそう、離婚したら、子どもの将来の就職、結婚に不利になるのではないか等、さまざまな不安から自分が壊れるギリギリまで我慢してしまう人がいます。このような想いは、年代が高い人だけではなく、30代、40代の人たちからも聞かれ、問題の根深さを実感します。

冒頭に書いたイルゴイエンヌの定義のように、モラハラ加害者は、周りとの関係性を遮断し被害者を孤立させ、「正論」を振りかざし責め続けるので、被害者は思考途絶の状態に置かれてしまいます。相手を自分より下に位置付け、見下して支配しているという快感を得るための行為ともいえるのです。上から目線でバカにしたり、バカという言葉を多用し、被害者が自分が悪い、自分が間違っていると思い込ませるようにします。反論しようものなら、「お前の頭がおかしい」と全否定で責めてきます。一方的に責められ否定される日々を続けていると、自分に自信が持てず、おかしいと思っても怖くて言えなくなります。怒られることへの恐怖心から、夫の足音が聞こえるだけで震えるなど、身体症状を伴うメンタルの疾患になってしまう人もたくさんいます。これは、DVよりも「関係の構造」に関わる問題といえます。

家族システム自体を問い直す視点が必要

モラハラは、何か変だ、これはおかしいと気付くことが、脱出の第一歩と言われますが、長い間、身体に変調が出るまで気付かないのはなぜでしょうか。

モラハラを受けたとき、変だと思わない感覚は、自分の中に「そうかもしれない」という受容体のようなものがわずかでもあり、そこに反応してしまうからではないでしょうか。それは、女としての育ちの中で、子育ての責任は母親にあるとか、夫を怒らせないようにするのが良い妻であるといった刷り込みがいまだになされていることとつながっているからだと思います。

相談者がとらわれていることや当然のごとく思い込んでいることから解き放たれ、今一度、自分をつくり直す作業ができれば、「そんなこと言われる自分ではない！」と断固はね返す、モラハラに打ち勝つ力を得られるのではないかと思います。女性は常に他者を優先することが良いこととされる社会や文化は、いまだ厳然としてあり、モラハラの温床になっています。これからのフェミニズムは、今まで以上に、普通に見える、当たり前の家族の中で何が起きているのか、家族は安全な場なのか、家族システム自体を問い直す視点が必要なのではないでしょうか。

面会交流から見える家族の姿と子の福祉

離婚調停をめぐる子どもと親の面会

ここでは、離婚調停をめぐり、子どもと両親の面会（面会交流）をどのように考えていけばいいのかを問題提起してみます。なぜなら、面会交流については、日本でも法律改正が叫ばれている共同親権の問題の中で、とくにＤＶ家庭の場合の難しさが浮上しているからです。子どもについての問題はなかなか表面化しにくく、あまりにも複雑な要素が絡み合うせいで、調停の話し合いでも合意に至るのが困難というのが実状です。

かつて「クレーマー・クレーマー」（１９７９年）というアメリカ映画が、最近では「ジュリアン」

（フランス映画、２０１７年）が、この問題を題材にして話題になりました。「クレーマー・クレーマー」では、妻に出ていかれた夫が、朝、男児にフレンチトーストをつくってやる、と宣言し、コーヒーカップの中に卵を割り入れる象徴的なシーンがあります。男児を育てる中で育児愛に目覚めた夫と家出した母親は養育権をめぐり対立し、裁判闘争になっていきます。裁判で、二人が相手をののしり合う場面には思わず耳をふさぎたくなったものです。裁判では、こういう部分を避けられないのでしょう。また、「ジュリアン」では、共同親権のため離婚後の子どもの親権、面会交流については機械的な対応の裁判所の結論に基づき、ＤＶの父親と会わざるを得なくなった子どもの葛藤を描いており、ＤＶ家族の面会交流の難しさの一端を描いた作品になっています。

増加している面会交流の調停・審判事件数

離婚後、子どもを監護・養育していない親が子どもと会う権利を面会交流権と言い、現在では２０１１年民法改正により民法第７６６条第１項にその旨が明文化されています。

家庭裁判所による面会交流の方法として、大きくは直接交流、間接交流の二つがあります。直接交流がじかに会って交流するのに対し、間接交流は、夫婦間のＤＶ等などの問題があり、子どもに会わせるのが難しい場合、写真、手紙などを通してつながりを取る方法です。

家庭裁判所に持ち込まれる調停事件でいちばん多いのは夫婦関係調整事件（離婚）ですが、最近子どもの面会交流調停事件も増加の一途をたどっています。離婚の調停中や裁判の紛争中に追加として新たに面会交流の申し立てをするケースは多く、こういう場合は離婚と面会交流の件を同時並行で進めていくのが一般的です。面会交流事件は、家事事件の手続き法で第二事件に区分され、話し合いで調整がつかない場合は、裁判官が決める審判手続きに移行し、裁判所が決定できる事件となっています。「司法統計」によると面会交流の審判事件数は、１９９８年には２９３件だったのに対し、２０１７年には１８８３件と増えています。

面会交流がうながされる現状

わが国においては、養育権の問題に関して、「家族像」に価値観の逆風が吹いているように思われます。つまり、調停の場での面会交流に求められる家族像は、いまだに両親がいる家庭が善であり、離婚後の両親と子どもの関係は、どんな状態にあっても「子の福祉を考える」ことを前提にし、親権が認められなかった親が子どもに会う権利を義務付けています。両方の親と接していくことが子にとって最善であり、離婚事情の如何にかかわらず会うことが前提となっています。そのため、家庭裁判所は、調査官が関与し、面会交流を積極的にうながしていると思われます。

ここで「子の福祉を考える」という、妥当とも見える主題がネックになっている実情を提議したいと思います。つまり、母親たちにとって、離婚に際しいちばんのネックは父親と子どもとの関係であるという問題です。とくにＤＶの被害を受けてきた母親としては、夫とのつながりが断てないことに恐怖感があり、具体的に子どもとどう会わせたらよいのか、面会に対する気持ちのハードルはとても高いのです。自らは二度と会いたくない、子どもたちの父親にどう対応していけばいいのか、悶々として精神的な負担をさらに抱え込む場合も見られます。このような現状のもと、裁判所のいう「子どもの福祉を配慮する」とはどういうことを意味しているのでしょう。子どもと母親の安全性はどうしたら確保できるのでしょう。

毎日の「愛している」という言葉の重み

国際結婚をして生後6カ月の子どもを持つひろみさんは、夫からのDVから逃れるために子どもと共に身を隠して半年。夫は、自分のしている行為がなぜDVなのか理解ができず、子どもにどうして会えないのかと面会交流と監護権（子どもと生活をして日常の世話や教育を行う権利）の請求を出しています。

ひろみさんは妊娠に気が付いた後、同棲相手のアメリカ人の彼と婚姻届を出しました。彼は大学時代から日本に関心を持ち、3年前に来日、英会話学校の教師のアルバイトをして生計を立てていました。ひろみさんが彼と知り合ったのは、その英会話学校でのこと。プロのダンサーを目指しクラブで働いていたひろみさんは、将来、ダンスの勉強のため外国へ行きたいと英会話教室に通っていました。彼はいつもやさしく陽気で、しゃべる内容もウイットに富み、日本人男性にない大らかさに魅かれたそうです。

ひろみさんの家庭は裕福ではありましたが、専業主婦の母親がいつも父親に気兼ねして生きていると感じており、母親は夫にモノが言えないぶん、娘には厳しく、威圧的な母親から自由になりたいと思っていたそうです。小さいときから両親の不平等な関係を見ていたので、付き合うなら、やさしい包容力のある男性と思っていました。

その点、交際中から会うたびに「君は素敵だ」とほめ、「愛している」と言ってくれた彼は理想のパートナーと思え、ひろみさんは大事にされていると実感し、自分に自信が持てるようになっていきました。彼が外国人であることは問題ではなく、たまたま選んだ人が外国人、むしろ外国人だから、自分のことを対等に扱ってくれているんだと考えていました。同棲してすぐに妊娠しましたが、彼は妊娠を大変喜んでくれ、ベイビー、ベイビーとお腹をなでては、つわりのきつかったひろみさんの体調にも気を遣ってくれました。

彼の存在自体が恐怖の対象に

出産後、ひろみさんは体調がすぐれなかったのですが、それでも無理をしながらの育児中、少しの合間でもと寝ていると、仕事から帰ってきた彼は、「ベイビーをお風呂に入れたのか」「どうしてもう少し子どもの世話ができないのか」と言い、ミルク、おむつのことなど育児についていちいちこうしたほうがいいと口を出してくるようになりました。ひろみさんは、こんなに一生懸命育児をしているのに、どうしていちいち口を出すのかという懸念をぬぐえません。

だんだんと彼の言動に対していらだつ日が増え、思わず、「かまわないで！」と泣き叫び訴えると、「僕が心配していることがどうしてわからないの。愛しているのに……」と彼。口を開けばお互いに口論が多くなり、ひろみさんは彼の存在そのものにイライラするようになりました。「僕は君を愛しているのに、こんなに家族のことを思っているのに」と、怒りをあらわにして大きな体で壁などを叩いたり、涙ながらに詰め寄ってくる様子を見ていると、彼の存在自体が恐怖となってきました。これ以上一緒にいると自分がおかしくなってしまうように思えたひろみさんは、彼が出かけているすきに家を出て、着の身着のままで子どもを連れ友だちのところに行きました。すると彼はひろみさんの友人たちに問い合わせをし必死に探しまわり、ついにはSNSに子どもとひろみさんの写真を公開、愛する妻と息子を探してほしいとWEBで協力を要請したのです。たまたまそれを見た友人からWEBで夫が探していることを教えてもらったひろみさんは、見つけられたら殺されてしまうかもと恐怖感が募っていきました。

離婚したいと思っていた矢先、彼から子どもに対しての面会交流の申し立て、子どもの監護権の請求が出されました。彼の言い分は、自分は悪いことは何もしていない、父親なのに、どうして子どもに会えないのか、なぜこんな法的な手続きを踏まなければいけないのか、家族を愛しているのに会って話し合いができないのか、などと自分の心情を涙ながらに延々と語り、日本の法的制度はおかしいと主張しました。

ひろみさんは、SNSに自分が指名手配されている人間のように掲載されたことや、夫の今までのDVから精神的に不安定になり、子どもの面会交流などはとても受け入れられない気持ちです。

「子の福祉を配慮して」というけれど

このケースの場合、まだ1歳にも満たない子に対して父親が会いたいと迫っていますが、母親は夫である父親に会わせたら連れ去られるのではないかと疑っており、物理的にも安全に会わせられる術《すべ》もなく応じられない状況です。デートDVと同じように、束縛を愛情と思い、愛されていると思っていたひろみさんにとって、夫、父親である彼はストーカーのような存在と化しています。

小さい子どもと、どうしても会いたいと面会交流を求めてくる父親の中には、ときとして子どもと会いたいだけではなく、妻に対する未練が断ち切れていない人が少なくありません。結局、子の福祉と言いながら、面会交流は夫婦のつながりを求める相手からの手段となっている場合も見受けられます。

今回のケースも、子どもに会いたいと訴え、妻と話し合うことを希望し、話せばわかり合えると思っている夫に対し、子どもを手段にしてほしくない、DVでとてもじゃないが会うことはできない。ましてや子どもとの面会交流など考えられないと思う妻との間で調停で話し合いはつかず、妻側から申し立てていた離婚の調停も、今子どもと会わせてくれないなら絶対に応じないという夫と調停不成立になりました。

また、小さい子どもの面会交流は、どうしても同行者がいないと実現しません。しかし、どういうかたちで面会交流するかは調停の席では深くは言及しません。調停の条項では、親権を持つことになった親がもう片方の親に子どもと会わせることを認め、会わせる際には子の福祉を配慮して、双方で協議のうえ決め、具体的にどうするかは、子どもにとって良い方法を考えて実行しなさいという内容になっています。

ひろみさんの場合も、父親として子どもに会いたい気持ちは理解できるとしても、母親の精神状態が不安定なまま、父親への認識がまだ不十分な乳幼児の子どもに会わせることがどのような影響を与えるでしょう。家族の形態がさまざまになり、ひろみさんのケースのように国際結婚も増えていく状況にあって、子どもとの面会交流はどのような方向に向かうのでしょうか。

DV被害者親子にとっては面会交流が大きな壁に

子の福祉を優先、子どもにとって両親が関わり育てて行くことが大切という隠れミノの下から、親子断絶防止法案（名称改め「共同養育支援法案」）の成立へ向けた動きも出てきています。同法推進派は、子どものために非監護者の会う権利として面会交流を義務付けようとしています。

しかし現実は、DVの被害者が子どもを連れて逃げ、その後、離婚の調停を起こしたときに、子どもに会わせろ、親権を渡さないと、夫で父親である加害者が主張し、会わせられない母親、会いたくない子の間で、離婚調停が暗礁に乗り上げるケースもしばしばみられます。DV被害を受けた親子にとって、離婚の手続きを進めようとする際に、この面会交流の決めごとは大きな壁になっています。

子の福祉に反する面会交流も存在する

面会交流がクローズアップされるようになった背景には、一面子どもを大切にする社会と男女共同参画社会の推進の広がりの中で男性も育児に参加する機会が増え、子育てが以前のように母親主体だけではなくなってきたことが挙げられます。父親も子育てに関わり、わが子と触れ合い、愛情を注いできたつもりですから、妻が子どもを奪い（と見える）、会えなくなってしまう喪失感は大きいように思えます。

そのような思いで父親としての愛情、責任感から申し立てするケースも増えつつあるものの、一方的に自分の感情だけで会いたいからというものや、母親への未練や憎しみから申し立てをするケースが多いように思えてなりません。子の人権という側面から面会交流を考えるとき、当然、子の福祉の中身の論議が大切です。

日本でも共同親権の法案が成立しそうな状況ですが、さまざまな離婚のケースに関わった経験からすると、共同親権が必ずしも子どもにとって最善とは思えないケースもあります。離婚になった夫婦の間に生まれた子どもにとって、夫婦は別れても本当の父親はあなただけ、母親はあなただけ、夫婦は他人になっても親子関係は切れない、血がつながっていることが唯一無二と思うことこそ、家族という名の幻想のようにも思えます。離婚調停中でも、別居中の親から、「子の福祉のために定期的な面会交流を実現すべきだ」という主張がなされます。確かに、面会交流を継続することが、多くの子どもの健全な成長に良い影響を与えることは、さまざまな研究結果が報告されていますが、それがすべてのケースに当てはまるとはいえないのではないでしょうか。別居親から虐待されていたり、DVやモラハラを日常的に目撃してきた子どもの場合は、面会交流を実施することが必ずしも子どもに良い影響を与えるとは限りません。

子の福祉に反する面会交流というものも存在するのです。現在の民法には、子の福祉に関する明文規定が存在しません。あるとすれば民法第820条と同766条で子の福祉に相当する表現として「子の利益」があります。「親権を行う者は、子の利益のために子の監護及び教育をする権利を有し、義務を負う」（民法第820条）。このことからも子の福祉という名のもとの面会交流については、共同親権の主張の流れとともに慎重に検討することが望まれます。

家庭内でケア役割に埋め尽くされる女性

女性の人生、とくに結婚した女性の人生はケア役割で埋め尽くされています。ケアの対象は夫、子ども、夫の親、自分の親等々ですが、夫のきょうだいや自分のきょうだいのケアをしている女性もいます。「８０５０問題」（50代前後の引きこもりの子どもを80代の高齢の親が養い続けている状態）が取りざたされている昨今、子どものケアからいつまでも解放されない女性もいます。次に紹介するたみえさんもその一人です。

子どものケアからいつまでも解放されない母親

たみえさんは同居する夫の両親のケアを担っていました。義父が存命中は気難しい義父に気を遣い、義父が亡くなったあとは、何ひとつ自分で決められず我慢するだけの義母に気を配りながら暮らしていました。同時に、一人娘の世話と、アルコール依存で暴力を振るう夫のケアも。義父の死後ひどくなった夫の暴力が、義母や娘に向かわないようたみえさんは気を付けていたのですが、その配慮は娘さんには通じず、「厳しく育てられた」「お母さんはお父さんのことばかりで私の話を聞いてくれなかった」と、今も恨まれています。また、義母や娘が攻撃されているとき、たみえさんが口出しをすると夫の怒りがエスカレートするため表立った介入はしませんでしたが、そのことでも、「かばってくれなかった」「おばあちゃんがやられていてもお母さんは何もしなかった」と非難されました。たみえさんのこれまでを見ていると、ケア担当者はケア役割を担うだけでなく、恨まれるという役割まで引き受けなければならないかのようです。

夫の暴力から義母と娘を守るのが精一杯

夫の死後、一人暮らしをしているたみえさんは、今も娘さんからの金の無心に悩まされています。結婚後、夫の暴力を理由に離婚をした娘さんは、たみえさんの家のすぐ近くのマンションに小学校3年生の孫娘と住んでいます。この2、3年、無心というよりも、ゆすりたかりに近いようなかたちでたみえさんからお金をむしり取っています。そのお金はホストクラブなどの遊びに使っているようなのですが、詳しいことはわかりません。「親（たみえさん）の育て方のせいで、暴力男を見抜けずに結婚してしまった。そのためにムダにした20代、30代をつぐなうのは親の責任」というのが娘さんの理屈です。お金の無心が始まる前から、同じ理屈でたみえさんに暴力を振るっていました。暴力を振るうときの目つきは尋常ではなく、最初は抵抗していたたみえさんも次第に抵抗できなくなります。それでも娘さんからの暴力は、夫から受けた暴力に較べるとはるかに耐えやすいものでした。

夫はアルコール依存で、娘さんが幼いときから飲んでは暴れることを繰り返していました。お酒が入らないとおとなしいのですが、お酒を飲むと素面では言えない不満や怒りをいつまでもグチグチと言う人でした。文句を言っているうちに次第に激昂し、物を投げる、ふすまを蹴破る、義母やたみえさんに殴りかかるなどの乱暴をする人でした。そのうち寝入ってしまい、翌朝何事もなかったように会社に行く、そんな暮らしでした。

家に帰る前からすでに飲んでいる夫にとって、家の中に洗濯物が干してある、子どものクレヨンが出しっぱなしになっている、泥付きの野菜が玄関に置いてあるなど、どんなことでも因縁を付ける材料になりました。老いた義母や幼い娘さんに夫の怒りの矛先が向かうのがたみえさんには耐えられませんでした。そのため、夫を刺激しそうなことは注意深く排除していました。義母の気配を感じさせないよう、夫が帰って来る前に義母の風呂も食事もすませておく。娘さんの物が出しっぱなしになっていないように、うるさく言って片付けさせる。何かあると育て方が悪いと言われるので、きちんと挨拶をさせ、テレビも見せずに早寝をさせるなど、今思うとかわいそうなくらい厳しく育てました。

娘から「子どもを捨てた」と非難される

幼い娘さんも家庭生活に緊張していたのでしょう。中学に入ってから学校に行けなくなります。いわゆる不登校でしたが、夫は許しませんでした。「なんで学校に行かないんだ」と責め立て殴る、髪の毛をつかんで引きずり倒すなどの行動を取るようになります。娘さんは中学2年生の頃から夫がいる時間には家に寄り付かなくなります。もちろん学校には行きません。夕方から町に出て盛り場をぶらつく、おなかがすいたらコンビニで万引きをする、自転車を盗んで友達と遠出をする、親の財布からお金を抜き、化粧をして年齢を偽りクラブに出入りするなど、派手な「非行少女」になっていきました。そんな娘さんを警察に引き取りに行くのはたみえさんの仕事でした。夫はいつも酔っぱらっていて役に立ちません。それでいながら、娘さんを「今すぐ探して連れ帰って来い」「育て方が悪いからこんなことになるんだ」とわめいては、茶碗や湯飲みなどを手当たり次第投げつけます。仕方がないので家を出てうろうろして帰ると乱暴狼藉の痕跡と共に夫は寝入っています。

たみえさんは片付けながら情けなくて悔しくて、毎日がつらくてたまりませんでした。このままでは子どもも自分も、そして夫もダメになると思ったたみえさんは、学校と相談して全寮制の高校に娘さんを入れることに決めます。全国の不登校の子を引き受けている学校で、ユニークな教育方針で知られる学校でした。高校は出ておいたほうがいいが、今の成績と出席日数では地元の高校には入れないからと娘さんを説得しました。夫は説明を聞こうともせず、「あんなやつはどうなっても知らん」と言うだけでした。娘さんはこのときのたみえさんの判断を「子どもを捨てた」と、今も非難します。

夫の死後も娘の離婚をめぐる問題が

娘さんは高校を卒業後、短大に進学します。短大を卒業後は家に帰り地元の企業に就職、そこで知り合った男性と同棲を始めます。全寮制の高校に進学したときも、同棲を始めたときも、たみえさんは少ながらずホッとしています。夫と娘さんがぶつかる状況がなくなったのが、何より安堵できることだったのです。しかし、たみえさんのこうした気持ちを敏感に感じ取っていた娘さんは「お母さんは子どもがいなくなることを望んでいた」と非難し続けます。

その後、婚姻届を提出した娘さんと彼は、二人の意向で結婚式も披露宴も行いませんでした。アルコール依存だった夫は、孫が2歳になった冬、脳梗塞で倒れ亡くなります。葬儀のため家に帰ってきた娘さんは、そのまま夫のもとに帰りませんでした。暴力を振るわれていると言う娘さんに、たみえさんは帰れとは言えませんでした。あるとき、迎えに来た娘さんの夫が怒鳴りつけているのを聞いたたみえさんは、そのすさまじさにおじけづきます。「すごいね、前からあんなだったの？」と聞くと、「前から言ってたでしょ」と娘さん。以前、「迎えに来てくれたんだから」と、娘さんを帰らせたことが何度かあったことを、このときたみえさんは思い出します。そのこともまた娘さんの恨みの原因のひとつになっていました。

娘からの暴力、お金の無心が続く

ついに娘さんは家を出ます。「どこにいるか知らないほうがお母さんもいいでしょ」と転居先を教えてくれませんでした。今ではそれでよかったと思っていますが、転居先を知らないため、娘さんの夫が何度来ても居場所を教えることができませんでした。

家を出た娘さんは、しばらくして離婚調停を起こします。裁判までもつれ込みすったもんだの末に離婚が成立しますが、そのストレスからでしょうか、裁判が始まったころから娘さんは情緒不安定に陥ります。そのうち起き上がることもできないほど調子が悪くなり、うつと診断されます。この間、たみえさんは娘さん母子の世話をしますが、娘さんが動けるようになった頃から攻撃されるようになりました。

娘さんに言わせると、DVの知識のないたみえさんの言動はすべてトンチンカンで、親としてなっていないとのことでした。また、無神経なたみえさんの言動で体調が悪くなったと責め立てます。何を言っても怒られるのですが、自分の育て方に問題があったのかもしれないという思いと、怒り狂う母親を一生懸命なだめようとしている孫娘の姿に言葉を飲み込んでいました。その後、暴力が治まるのと同時に娘さんは金の無心をするようになります。私のために貯金をしていると言っていたお金を今くれ、夫の暴力に気付かなかった親としての失点を金でつぐなえ、無理やり夫のところに帰されて受けた精神的ダメージの慰謝料を払え、家屋と土地の自分の名義分に相当する金額を現金でくれなど、要求には際限がありませんでした。断ると、「私がどうなってもいいと思っているんだ」「子どもと一緒に死ぬしかない」などと言い出します。まさか本当に死ぬことはないだろうとは思うものの、言い募られると断り続けることができなくなります。

自治体や警察の相談窓口をたずねましたが、どこでも「お金を出すから、いつまでもせびられるんです。きっぱりと断りなさい」と言われます。夫のアルコール依存のことで保健所に相談に行ったときも同じようなことを言われました。「暴れたあとを片付けてはいけません。放っておきなさい。放っておけないようなら、子どもとおばあさんを連れて家を出なさい」と。しかし、たみえさんにはできませんでした。ただ、夫は先に死んでくれました。でも、自分のほうが娘さんより先に死ぬに決まっています。「私は死ぬまで今のような暮らしをするのだろうか」。そう思うと、暗澹《あんたん》とした気持ちになるのでした。

子どもの人生の責任者は子ども自身

どこを向いても行き詰まっているように見えるたみえさんの人生に突破口はあるのでしょうか。娘さんは母親に傷つけられたと主張し、金の無心を続けています。たみえさんも、娘さん母子はどうなるのだろうと不安になるため、拒否しきれずにいます。しかし、娘さんの失われた20代、30代をつぐなうのは、彼女が言うように、たみえさんの責任なのでしょうか。

フェミニストカウンセリングではそうは考えません。娘さんの人生の責任者は娘さん自身です。娘さんの失われた20代、30代を取り戻せるのは本人をおいていません。子ども時代や結婚生活が不幸だったのは確かですし、暴力的で荒れた家庭にい続けたことや、娘さんをかばわなかったことで母親を批判することはできます。しかし、おそらく「その都度、考えられる最善の方法を選び、できることはやってきた」というのが、たみえさんの正直な気持ちでしょう。娘さんに責められ、自分は間違っていたのかもしれないと考えているたみえさんですが、間違いを探し出し、反省したからといって、たみえさんと娘さんの人生が好転するとは限りません。母親を脅してお金をむしり取っているうちに娘さんの40代も失われつつあるといえます。

たみえさんは20代から60代の毎日を、ただひたすら家族のためだけに生きてきました。「娘が落ち着いてくれさえしたら」と思っていますが、どうなるかわかりません。娘さんの状態がどうであれ、自分がどうしたいかを考えるのは家族のためだけに生きてきたたみえさんにとってはとても難しいことです。それでもゆっくりと根気よく、過去の出来事をたどる中で、そのときどきに感じた悔しさ、惨めさ、悲しさなど自分の気持ちに少しずつ気付いていきました。その過程でたみえさんは自分の中に、嫁、妻、母としての強い規範意識があったことに気付きます。

初めて自分の人生を生きたいと思うように

フェミニストカウンセリングでは、そうした規範意識を女性に押し付けている社会のメッセージや仕組みについても話し合います。たみえさんはあるとき、「誰もほめてくれないのに、どうしてあんなに必死だったんでしょうね」と言いましたが、彼女を突き動かしていたのは、ほめてもらうことへの期待というよりは、規範に背くことの恐れでした。そして認められること。「頑張れば、いつか認められると、どこかで考えていた」と言うたみえさんですが、自分ではだれに認められたかったのかわからないと言います。義母は亡くなるとき、「ありがとう」と言ってくれましたが、義父も、あれだけ苦労をさせられた夫も感謝の言葉ひとつ言わず亡くなっていきました。ただ、義父や夫には何の期待もしていませんでした。また、娘さんと孫娘には幸せになってほしいとは思いますが、感謝されたいという気持ちはありません。それよりも解放されたいという気持ちのほうが強く、もしかしたら自分は苦労だけして死んでいった義母と同じ人生を歩んでいるのではないかと思ったとき、せめて自分だけは自分を認めてやりたいと強く思います、と。たみえさんが初めて自分の人生を生きたいと感じた瞬間でした。「限界はあったが、私は私なりによくやった。もういい。娘の人生は本人に任せよう」

これまでの自分の頑張りにOKが出せたたみえさんは、遠からず、娘さんの要求を断れるようになるでしょう。「それで娘に嫌われたとしたら寂しいですが、それも仕方がないと思います」と、だれかに認められることを断念しつつあるたみえさんは言います。見失われていた自分と出会い、ケア役割の中でグチャグチャになっていた自他の境界線を引き直しているたみえさんは、娘さんをどうするかよりも、自分はどう生きたいのかを考えはじめています。自問自答の末にフェミニストカウンセリングの基本である「自分を肯定すること」を手にしたたみえさんの変化は、母親にしがみついている娘さんの行動も変えていくのではないでしょうか。

（海渡捷子、鶴貝真由美、中村敏子、加藤伊都子、河野貴代美）

【参考図書】
●マリー＝フランス・イルゴイエンヌ著、高野優訳『モラル・ハラスメント―人を傷つけずにはいられない』紀伊國屋書店　１９９９
●片岡武他『実践調停 面会交流―子どもの気持ちに寄り添う調停実務』日本加除出版　２０１８

第5章

あなたはどうしたいの？——フェミニストの娘たち

世代交代はなったか、ならなかったか

フェミニズムが50年、フェミニストカウンセリングが40年の歴史を重ねる時代となりました。その歴史の中でフェミニストとして育った女性たちも、年齢的にはほぼ中高年になっています。彼女たちの中には、娘を持つ人もいるでしょう。では、このフェミニストたちの娘はどうなっているでしょうか。フェミニストの母は、娘に何を伝えていけたのでしょうか。娘にもフェミニストになってもらいたかったでしょうか。そうだとすれば、どのような「意図」なり「戦略」があったのでしょう。もしくは、なかったでしょうか。

これまで、この問題についてはほとんど考えられたことがないと思います。世代交代や後事を託す人材育成の必要性について、あるいは若者がフェミニストカウンセリングやフェミニズムをほとんど知らない現実については、フェミニズム圏内の多方面で言及されていますが、その中にフェミニストの母から娘への伝承も入っていなければならないはずです。フェミニズムは母・娘関係を問題視し、その基盤を見直す必要を言い続けてきたからです。ひとつの世代は次の世代に何を、どのようにして継承していけるのかが本章のテーマです。

かたちの違う支配性

たぶんこの問題の最初のケースとして筆者（河野貴代美）が認識したのは、フェミニストカウ

ンセリング開設の早い時期でした。20代初めの女性が来所し訴えたことが印象に残っています。彼女の母親は筆者と同じ世代でフェミニストの活動家。父親は地方自治体議員で組合の活動家。彼女は小学生の頃から、「医者になりたい」と言えば、両親から医学系の児童書が与えられ、長じてもキャリア系の○○になりたいと言えば、参考書が目の前にズラリ。高校時代に一度、主婦になって、子どもの洋服を縫ったり料理も手づくりのものを食べさせたいと言ったら、「えぇ？何で？」と、いかにもがっかりした表情をされたそうです。

「私がどうしたいかに関心がないのです。そのくせ自分で決めなさい、とは言うのです」。親の二重メッセージにも増して、期待が重荷で苦しい。「これでは巷にいう教育ママ・パパと一緒でしょう？　でも二人はそうは思っていないのですよ」。彼女のつらさはよくわかりながらも、フェミニストが娘を自立的なキャリア女性に育てるのに、このような両親共というケースもあるのかと感心し、同時に方向性がどうあろうと、親の支配性に変わりはないと思ったことでした。だから、母・娘問題にまで踏み込んで考えるより、親の支配性への注意を喚起した話し合いをした記憶があります。残念ながら、その後の彼女がどうなったかはわかりません。次にいくつかのケースをみていきましょう。

事例1　専業主婦を選んだフェミニスト

現在、39歳のかなさんは、結婚して一人の子どもがいます。彼女の母親は、1970年代後半に東京の有名私立大学に進学し、大学卒業と同時に結婚して地方に移り住んだのですが、学生時代に台頭してきたフェミニズムに触れて大きな影響を受けました。しかし、まだまだ男性社会であることや対人関係に不安を持っていたことから、自らが働いてキャリアを積むよりも会計士である夫と結婚し専業主婦となり、開業後は事務所経営をして生きることを選んだと、かなさんは聞かされています。母親も父親も、遅れてきた全共闘世代で、家の中ではごく普通に、「上野千鶴子が〜言っていたよ」「今度の芥川賞は〜」という会話が飛び交い、母親も父親も、決して娘たちに性別役割を押し付けたりはしなかったそうです。

三人姉妹の長女であるかなさんにとって、会計事務所の経営を取り仕切る母はクールで賢く、憧れの存在ではあったものの、「子どもたちには早く自立してほしい、母親役割を早く卒業して自分の人生を楽しみたい」と、ことあるごとに言われ、自分の存在が母親の足かせのように思え寂しく感じてきました。優秀な母親は子どもたちの特性を早いうちに見抜き、上手にレールを敷いて、娘たちを育てようとしました。それはまるで、自分が生きられなかった別の人生を娘に期待するかのようでした。押し付けではなく、「自分で選びなさい」という言い方であったために、何をしても「自己責任」と突き放されたように感じて、「正しすぎて反抗もできない。ある意味、最も厳しいですよね」と、かなさんは笑います。

■フェミニズムの負の側面に傷ついてきた娘

かなさんは母親に誘われて、地域の女性センターで開催されるフェミニズムの講演会などにたびたび参加しています。内向的で文学好きのかなさんにとって、そこで語られることは面白いけれど、どこかピンと来ない、自分に関係のあることとはあまり感じられなかったと話します。母が自分に働きかけてくれるのがうれしくて、言われるままに出かけていたそうです。

自分がどう生きればいいのかは、まったくわからない。母のようには生きられない。大学を中退して引きこもるかなさんの心理的混乱や抑圧した反抗を持てあました母親は、地域のフェミニストカウンセリング・ルームにつなげて、専門家に解決を委ねようとしました。それもまた、母親は自分と向き合うのがイヤなのだと感じて、つらい気持ちになったとかなさんは振り返ります。しかし、結果的には、そこから多くの女性たちとの出会いにつながりました。

かなさんがフェミニズムを自らの課題と感じるようになったのは、結婚して子どもが生まれたあと、夫や夫の親族との関わりの中で、これが女性に課せられた性別役割なのかと強く感じるようになった頃からだそうです。感情に振り回されず、賢く人生を切り抜ける母親に対して、今もかなわないと感じることがありますが、同時に、感情を抑圧して理性的に振る舞い、家族に対しても自分を閉ざさざるを得なかった母親の実像を、今は少しだけ理解できるようになったと話します。

フェミニズムへの共感を持ちながら、一方で性別役割を完璧にこなすことを自らに課してきた母。かなさん自身は、同世代の女性たちと本音で語り合う場を持ち、グチや弱音を吐きつつ、自分なりのフェミニズムでいいと考えています。子どもに対しても、無条件の温かい感情が湧いてくる自分を、今は結構気に入っていると話します。母のようになれないと劣等感を持ってきたかなさんは、フェミニズムを内面化しつつ、母親の葛藤や不充足感、社会の現実と理想のギャップからくる、フェミニズムの負の側面に傷ついてきたといえるでしょう。

時代の中にあらためて位置付ける

フェミニズムが広がった1980年代は、一方で専業主婦率が最も高くなり、家庭の中で優秀な女性たちが持て余した力を振るい、そこでの子どもたちの問題が顕著になってきた時代でもあります。今ほど離婚や再婚が自由ではなく、自らの人生と内面を分離せざるを得なかった女性たち。その娘たちが、母親をどのように感じていたのか。すでに家の中に「フェミニズム」と名付けられるものがあったがために、フェミニズムへの懐疑心や抵抗が最初にあって、自分が生きる中で組み替え、認識し直す作業が必要となります。

身近に感じてきたことをあらためて時代の中に位置付けてとらえ直す経験は、フェミニズム理論を多面的に考えることを可能にするでしょう。かなさんの冷静な意見や分析は、フェミニズム第一世代や次世代にとって、とてもありがたいものです。自己形成期の女性にとって、なぜフェミニズムは採用不可能なのか。どんなふうにイヤだと思ったのか。実際の暮らしの中にどう息づいているのか――問題点を検証して、思想や理念がいかに継承されているのかを探る、重要な視点だといえるでしょう。

かなさんは現在、フェミニズムがどのように変化し評価されているのか、ネットでの議論や出版された書籍にいち早くアクセスしてフェミニズムの現在を考えるのが唯一の趣味でもあるそうです。彼女のフェミニズムへのこだわりや思いの強さは、自身の子どもも時代や母親を理解しようとする思いに裏打ちされ、自己形成に深くかかわった「フェミニズム」へのこだわりであり愛情なのでしょう。それもフェミニズムを知っていた母親がいればこそだといえます。外で「フェミニズム活動」をしていなくとも、かなさんの献身的な仕事ぶりに、現在もフェミニストカウンセリング・ルームは支えられています。

事例2　幸せでない母、娘のジレンマ

みれいさん（52歳）の母親は現在72歳。祖母は4人の子を育てながら民生委員もしており、村の人は皆、祖母を慕っていたと聞きます。母親は常々、「瞬間湯沸かし器のような私は、マリア様のような母のようにはどう頑張ってもなれない」と言っていました。

みれいさんの母親は京都の大学で福祉を専攻し、当時のソ連を旅行したり、学生運動の先頭に立ってデモに参加。原爆反対の集会で父親と出会い、3年間の文通をへて結婚することになりますが、当時、母親は大学卒業後、県の職員として障がい者施設で働いていたので、結婚すると退

職し地元を離れ、父親の赴任先の広島で生活することになるので悩んだそうです。

広島では社宅暮らしでした。父親は定期的に何かの新聞を社宅の団地で配り、みれいさんと兄はその手伝いをしました。定期的に連れて行かれる集会は、子どもにとってはつまらなく退屈でしたが、それは言えませんでした。広島で暮らしたのは、みれいさんが小学2年生の2学期まででしたが、家の空気が他の家と少し違うことは感じられました。母親はそれなりに〝妻〟をしていたようですが、みれいさんが保育園児のとき、胃潰瘍で吐血し、手術、長期間入院します。あのとき、母親が胃を半分切除するくらい何に悩んでいたのか気になるものの、今もわからないと言うみれいさんです。

■イジメにあう娘、闘う母親

勤務先の関係で、父親は3年の約束で転勤することになります。他の従業員が単身赴任することが多い中、みれいさん一家は家族皆で引っ越し。友だちと離れるのはイヤだったそうですが、3年後には戻ってこられるからという言葉を信じて転校します。転校して間もなくイジメを受けますが、理由は今でもわかりません。「放射能が移る」と言われたり、ある日突然、女子から無視されたといったイジメは小学校を卒業するまで続きました。ただ、ずっと無視されるのではなく、ターゲットが移っていくイジメだったので、みれいさんは「被害者でもあったけど、加害者でもありましたねぇ」と語ります。

転勤後の父親は、ほとんど家にいませんでした。母親は地域でこども劇場を立ち上げたり、生協活動を行ったりしていましたが、夫に対する不満を言うようになっていました。母親は常に不満そうな顔をして、常に何かに怒っていました。ＰＴＡの役員になっていつも校長と闘っていたようですが、イジメにあっていたみれいさんには余裕がなく、母が何と闘っていたのかわからなかったようです。当時の母親の口癖は、「出る杭は打たれるけど、出すぎた杭は打たれない」というもの。校則の靴下がなぜ白でなければならないのかということなど、母親の言っていることは子どもが聞いても納得できるものでしたが、その言葉がどうして他の人に通じないのかわからなかったし、母親に見えていたかもしれない敵が自分には見えなかったと言います。それでも、「女が何か自分の意見を主張するときは、出すぎた杭にならなければ無理なのだということは学んだ」と、みれいさん。

■フェミニストとは母親のような人？

ただ一方では、自分らしく生きるためには、「『イヤなことはイヤだ。間違っていることは間違っている』と言わなければならない。その結果、人々が自分から離れていって孤独になろうとも、常に政治に関心を持ち世の中の動きに敏感でなければならない。そして声をあげ続けなければ、女の人権はないがしろにされるのだ」と思いつつ、何か苦しい感じがぬぐえなかったとみれいさんは振り返ります。「たぶん、この頃に、フェミニストとは母のような人だという間違った刷り込みがあったと思います」

当時、みれいさんは、世間と闘う母親の側で、「私をイジメないで！」と親や周りに言えない自分をとても惨めに感じていました。今になって思えば、「声をあげられない情けない自分」を確認し続けていたのかもしれません。また、学校の一部の先生が、他の生徒には親しみを表現するのに、みれいさんには表現してくれないのはなぜなのか。あの頃は、孤独感や寂しさに自分を追い込んだ理由はわかりませんでしたが、学校に文句ばかりを言う母親が影響していたかもしれないと感じています。

思えば、母親は怒りの感情が激しい人でした。みれいさんは、母のように常に社会や世間と闘い、闘う理由も理論的に説明する人が苦手で嫌いになっていきました。政治も嫌いになりました。新聞を三紙（朝日、毎日、地方紙）読み、常に「日本は終わりだ」と言う母親。今でも声高に何かを主張する女性が苦手で、社会運動も苦手と言うみれいさん。また、この頃から、巷でいう「非行」に向かっていったそうですが、根が真面目なので「非行少女」になりきれず、そんな中途半端な自分もまた嫌いだったと言います。

そのような母親でも幸せであってくれたなら、みれいさんもここまでフェミニズムやフェミニストと呼ばれる人たちに苦手意識は持たなかったと言います。母の叫びは何だったのか。母は何が欲しかったのか。母は何をしくじったのか。母にはなぜ仲間がいなかったのか……。あるとき、父親がポツリと「お母さんは結婚してなかったら何かしらの成功者になれていたと思う。それだけの力がある人だった」。ならば、母は結婚しなければ幸せになれたのだろうか……。いくつもの疑問がみれいさんの頭をめぐります。

あまりに母親が不幸だと嘆くので、反対に良妻賢母になれば幸せになれるのだと単純に考えたこともあるそうですが、「結果的に私は2回離婚しています」と、みれいさんは笑います。「私の中でフェミニストのイメージは成功した女性。勝利を勝ち取った女性。男性社会で自由を手に入れるべく闘ってきた女性。そのイメージでいくと、母はフェミニストになれず失敗した女性ということになります」。そこで、母親に「フェミニストになろうとするからだよ」という想いを抱くようになったそうです。フェミニズムの歴史は、みれいさんが母親を理解するうえではとても役に立ったし、母親との緊張を解きほぐす一端にはなったそうですが、フェミニズムと自分自身を絡ませることはどうしてもできなかったと語ります。

■「やわらかなフェミニズム」との出合い

みれいさんがフェミニストカウンセリング学会（以下、学会）に入会したのは、1975年生まれの彼女が感じている生きにくさを、フェミニズムの視点で解き明かしていきたいと思ったからです。みれいさんの世代は、バブルがはじけたあとの就職氷河期。男女雇用機会均等法やその他の制度が制定され改正されても生きにくさは変わりませんでした。

はたして学会は、みれいさんたち団塊ジュニアと呼ばれる世代に、新しい視点や模索する場を提供してくれたでしょうか。「少なくとも私の手もとに届くニュースレターや参加した講座からは、その可能性や魅力を感じることはできませんでした。講座の内容もハラスメント被害者支援のほうに軸が移り、学会の会員であることに居心地の悪さを感じるようになった」ため、みれいさんは退会します。

それでも、ひとつの出会いがありました。「連続講座（2019年3月9日）の最後にあった河野貴代美さんの『やわらかなフェミニズム』の講義がなければ、私にとってフェミニズムは相変わらず遠い存在のままだったと思います。このフレームをもらっただけで、ハードルがぐんと下がり手が届くものになりました」と、みれいさん。自分の内面に取り組むべき問題があるとわかっているけれどあと回しにしていること、いろいろな場面で見せる自分の他者評価が自己評価とかけ離れていることに居心地の悪さを感じていること、自分の性を大切にしなかった時代があったこと、〝#MeToo〟に乗り切れない自分がいること、すべてそれでいいのだと思えたそうです。「『パーソナル　イズ　ポリティカル』の視点を土台に持っていれば、自分のやり方で自分のペースで取り組み続けていいのだと直接言ってもらえたことは、今の自分でもフェミニストだと名乗ってもいいのだと言ってもらえたようで、途端に道が開けたような気がしました」

■「離婚を選択したお母さんは自由に見えた」

みれいさんはこれまで、自分の生き方を側で見てきた娘さんがどのように思っているのか、怖くて聞けずにいました。現在、娘さんには結婚を予定している恋人がいるのですが、最近になって結婚によって名前を変えたくないと言い出したそうです。離婚歴が2回あるので、娘さんの氏は実父の氏ではありません。それでも娘さんは「氏が変わることは私が私でなくなる感じがする」と口にしはじめます。娘さんは法律婚と事実婚について調べ、恋人と彼の家族に自分の希望を伝えましたが、理解は得られず相手方はただ戸惑うばかりだったそうです。

つい最近、娘さんに離婚についてどう思っていたか聞く機会があったみれいさんに、「離婚を選択するお母さんは自由そうに見えた」と娘さんは答えました。おおいに傷ついた離婚経験でしたが、娘さんからは自由を選択している姿として映っていたのかと思うと、驚きと同時に安堵も覚えました。社会構造の問題だと怒りの声をあげていた母親を見て育ったみれいさんは、社会構造になじむことを選択したと言います。そのみれいさんを見て娘さんは結婚制度のあり方について考えています。

そして今、みれいさんは「やわらかなフェミニスト」として娘にできることは何だろうと考えます。声のあげ方だろうか。仲間のつくり方だろうか。どんなメッセージを渡してあげることができるだろう。母娘としてではなく女性として対話することだろうか。「このテーマに答えはあるのでしょうか」と言うみれいさんです。

みれいさんにとって、母と「フェミニズム」は一体のものでした。母の正しさには反論のしようもなく、でも何か違うという感覚が、みれいさんにとっての「フェミニズム」でした。自分のための「フェミニズム」を待つことが、みれいさんには必要だったのでした。娘さんにはちゃんと何かが伝わっているようです。

事例3　反面教師としての母親とヤングフェミニストの娘

あやこさん（45歳）の母親は、地方のDV家庭に三姉妹の長女として生まれ、父親から壮絶な虐待を受けて育ちました。母親が、「父親から殴られないようにする」ために身に付けたものが「女らしさ」でもあったのでしょう。そのため、母親は娘であるあやこさんに「女らしさ」を求めました。跡取り娘であった母親は、「学歴を付けると、婿に来てくれる人がいなくなる」という理由で高校までしか出してもらえず、「嫁入り道具」として短大に行かせてもらった妹たちをうらやんでいました。今思えば、思春期のあやこさんは、男尊女卑を内面化した母の教えを、「より良い男に選んでもらうためには、女らしくして、決して男を脅かしてはいけない」と理解し、それに息苦しさを感じていたようです。

そんな中学時代に出合ったのが、落合恵子さんの本です。表紙の絵に惹かれて買った本に、あやこさんはぐいぐい引き込まれていきました。それがフェミニズムとの出合いです。「女は男より劣っているわけではない」「女も自分の人生を生きていいのだ」と、世界の扉が開いたような気がしたそうです。落合さんが自分の母親と同世代だということにも驚き、それからは女性の書いたエッセイを読みあさりました。いろいろな考え方があり、母親のような考えの女性もいたし、そうではない女性もいて、「心地よい考え方を模索することで自分を育てていったように思う」と、あやこさん。

学歴コンプレックスのあった母親は、「あなたは大学に行きなさい」と幼い頃からあやこさんに言い続け、跡取り娘の権限で大学に進学させてくれました。大学卒業後、いくつかの職を転々としていたあやこさんは、地元で開かれた、本書編著者河野貴代美が講師を務めるDV講座に行ったことがきっかけでフェミニストカウンセリングに出合います。DV防止法ができる何年も前、DVが「犬も食わない夫婦ゲンカ」と言われていた頃です。

あやこさんのその後の人生は紆余曲折しましたが、フェミニストカウンセリングを学ぶ中で知り合った全国にいる女性たちに支えられてきました。「彼女たちは、私の母であり姉でした。母からもらいたかったものを、彼女たちから少しずつもらってきたのかもしれません」と、あやこさんは語ります。

■娘自身に選ばせることを意識して育てる

娘を産んだあやこさんは、「女の子らしく」と言わないことはもちろん、どんな些細なことも「娘に選ばせる」ことを意識して育ててきました。オモチャや服、靴といった娘さんのものは、赤ちゃんの頃から本人が手を伸ばしたものを買うようにしていました。3歳の頃の娘さんはアンパンマンの青い靴を履いていたそうです。

小学校のときは、男子が先の名簿順や、行事での体育館への入場も男子が先であることなどに違和感を持っていたようです。帰省するたびに、祖母から「女の子」であることを意識させられるようなことを言われていたようですが、「変だよね。私は私」と言い、深く傷つくことはなかったようでした。

娘さんにとっての初めての大きな壁は、中学生になってすぐに行われた「応援団に女子を入れるかどうか」を議題とする生徒総会でした。僅差で女子の入団が否決されたその生徒総会で、娘さんは上級生の男子から発せられる強固なジェンダー規範に触れてひどく傷ついていました。クラスメートの女の子からも「応援団やりたいの?」と、あきれたように聞かれたそうです。「そういう問題じゃない。私は権利が欲しいだけ」と返したという話を聞いて、あやこさんは内心舌を巻きましたが、娘さんは布団を頭からかぶって「悔しい」と言って泣いていました。

■「ママの友だちのフェミニストに会わせて」

娘さんは、「ママの友だちのフェミニストに会わせて」と言うようになりました。「自分の考えなのか、ママの考えなのかわからなくなってきたから、いろいろな大人の女の人と話がしてみたい」とのことでした。

それから機会があれば、あやこさんは友人たちに会わせたり、講演会やイベントに娘さんを連れて行くようになり、子育ては一段落したと思っているそうです。中学生のとき、あやこさんは母親とはまったく違う考え方を持つようになりました。娘さんもこれからさまざまな出会いの中で自分自身を育てていくのだろうと感じているからです。必ずフェミニストになってもらいたいとは思っていません。「自由なフェミニストになれば、自分らしく楽に生きられると思うから、そのほうがいい」とは思っていますが、娘さんの人生は娘さん自身が選べばいいと考えています。「母である私を通して見てきた世界を、これから娘はどのように見ていくのか。ジェンダー規範とどのように闘いながら、あるいはどのように折り合いをつけながら生きていくのか」、あやこさんは、怖くもあり、楽しみでもあると語ります。

■年の離れた先輩のような距離感

あやこさんが娘さんに、「なぜフェミニストになりたいの」と聞いたところ、「ママが近所の姉ちゃん感を出してくるから」とのことでした。子どもとして、母親から愛されていることは、(うざいくらい)感じている娘さん。一方で、一人の人間として尊重されている感じもあり、親というよりも、年の離れた先輩のような距離感が心地いいということだそうです。あやこさんからすれば、前述したように、「娘さんに選ばせる」ということを意識して育ててきたことが大きいのではないかということです。「そこにこだわったのは、私は選ばせてもらえず育ったからです。着る服から、趣味から、進路まで。子どもの頃から文章を書くのが好きだったのに、日記さえも禁じられていました。『文章を書くと、自分に酔っておかしくなる』というのが理由。もちろん、こっそり、親にバレないように書き続けましたが」。大学も心理学科に進みたかったそうですが、「あんたみたいなのが心理学の勉強なんかしたら、おかしくなる」と反対されます。しかし結局、親に禁じられてきた心理と文章を生業とすることになったと、自身を振り返るあやこさんです。

何かを選ぶというのは、他のものを選ばないということ。選ぶというのは、その結果に自分が責任を持つということでもあり、トレーニングが必要なのだとあやこさんは感じてきました。自分の着る服が選べないで、なぜ自分の生き方を選べるだろう。自分は何が好きか。それを考えることは、自分を知る作業だとも思ってきました。「自分で選びなさい」と言うのはある意味、突き放した態度なのかもしれません。でも、それが娘を強くしたのかなと、あやこさんは思っています。

伝統的な考え方をする母親は、それでもあやこさんの4年制大学進学を応援しています。あやこさんにとっての心の母は、落合恵子というフェミニストだったようですが、あやこさんの読書欲も彼女の自由さも、実母をほぼ反面教師にすることで、成り立っている要素もあるようです。娘さんは今の時点で中学3年生のはずですが、今後の彼女の成長が楽しみです。

事例4 フェミニストの母と娘のあつれき

さつきさん（52歳）には現在、結婚している娘さん（27歳）がいます。さつきさんは娘さんとの関係で、何がよく何が悪かったのかはよく理解しています。ただ、過去の時間は取り戻しようがなく、目下はあまりいい関係が保持できていません。今いちばん反省しているのは、娘さんに自分の価値観を押し付けてしまったこと。『闘う女性』が正しい生き方だと信じて、言葉と行動で強烈に示してきたと思います」と言うさつきさんは、もともと生活のこまごましたことへの関心が薄く、それよりも子ども時代から、なぜ戦争が起こるのかとか、貧富の差や差別をどうしたらなくせるのか、などに関心があったそうです。「そういう自分の感覚や資質を、性別役割分業を排するという思想で正当化して、いわゆる『母親らしい』ことは極力しませんでした。考えてみると、意図的にしていませんでしたねえ」

ただ、さつきさんは主な働き手として家族の生計を立てており、フェミニストとしての活動もあったことから忙しく、そのぶん家庭生活にしわ寄せが来ていたと振り返ります。「今から思うと、『子どもを育てる』という中にある大切なことも、一緒に切り捨ててきたように思います」。また、生活だけでなく、もともと人の感情や情緒を扱うことが苦手だったと言うさつきさんは、子どもに対しても、言葉で、論理的・分析的に向き合うことが多かったそうです。娘さんは10代のとき、「お母さんのようには生きられない」と、さつきさんの友人に話していたとのこと。実際、娘さんは「母親とはまったく違う家庭をつくりたい」という意志を貫いているそうです。

■家と外との価値観の違い

夫が病気がちで、さつきさんはいつも忙しい。3つ違いの妹さんが生まれてからは、母と娘の時間はさらに少なくなります。そのうえ、妹さんが小学校に入り、やっと手が離れたと思ったら、小学校3年生のときから不登校に。動揺しつつも、さつきさんは「学校には無理に行かなくてもいい」という価値観で、子どもにも外（学校や地域、活動など）にも向き合うようになります。

一方、娘さんは学校が好きでした。しかし、「学校が好き」とか「学校には行かなきゃダメ」というような自分の気持ちや意見は、家の中では言えない雰囲気だったとさつきさんは推測します。「寂しさやつらさを、口に出したりすることはほとんどなく、一人で抱えていたのだと思います。そういう娘を、うまくフォローしてあげることもできませんでした」

娘さんは思春期に入り、外に対しては「よそとは違った変わった家族」（彼女はそう感じていたと思う）を擁護し、内では、社会通念や社会の一般的価値観を持ち込む家族内少数派の立場として生きてきたのでしょう。「北陸の田舎町で、大人でも難しいのに、子どもがそういうふうに生きるのは、とてもつらかっただろうなあ」と、ずっとあとになってさつきさんは気付きました。

■娘と親密な時間を持てなかったことを後悔

思い返せば、娘さんに対して「否定」という広い意味での精神的な「虐待」をしてしまったかもしれないとさつきさんは言います。さつきさんは、「自分が思うように生きてきたので、自分の人生には満足しています。でも、幼い頃から思春期にかけての娘と、親密な時間を持つことができなかったことだけは、大きな悔いが残ります」と語ります。

娘さんには3歳の娘がいます。フルタイムで働いているので経済的には自立していますが、どういう結婚観を持っているのか、さつきさんにはわかりません。ただ、「（さつきさんに対して）あなたのような生き方はしない」と宣言している娘さんですが、話をしていると、「フェミニスト的な視点を持って社会を見ているところもあり、『ほぉ〜』と思うこともしばしばあるんですよ」と、さつきさん。「娘との関係で反省はしている」と言う一方で、「時間は逆回転させられないし、育児などは、本当にあとからでないと結果のわからないことですよね」とも語ります。「私は自分の価値観を大事に生きていきたかったしそうしたのですから、それ自体は自分でも受け入れたいと思っています。私が私であることの誇りだとも言えますし。娘とは、いつかゆっくり話し合いができると信じています」

さつきさんはこう話しながら、娘さんとの今の関係にじつはかなり参っているとのこと。感情を抑えて弱みを見せない強い母に対して、娘は初めて闘いを挑んでいるかのようです。母であり娘である、互いの立場がやわらかくほどけていくときにまた、出会い直すことはきっとできるでしょう。

やわらかいフェミニストであること——母から娘へのメッセージ

ここまで4つの事例を紹介しました。この数少ないケースから一般論を導き出すことは不可能ですが、いくつか感じたことを挙げてみます。まず、活動家＝フェミニストのつくる家庭が「何となく他所《よそ》と違っている」という子どもの印象を興味深いと思います。子どものイメージですし、では「普通の家庭」とは何かということになりますが、いわゆる両親がそろっていて性別役割分担が遂行されているというようなことを標準として違和感があると言っているようには思えません。たとえば、事例2の家族のように、母親の力が強いという家庭内のパワーバランスの問題とか、学校で指導する方向に異論を唱え、それを率直に相手に伝えることによる他の家庭との違和感とか。ただし、これらはいわゆる「毒親」の類とは違います。

さらに、娘から言えば母親の二重メッセージは大きな矛盾を伝えることになっているようです。ひとつは、最初の事例に見られるような、言語によるメッセージと非言語のメッセージです。とくに日本では「本音と建て前」という二重構造がありますが、むしろ受け取られるのは非言語メッセージのほうです。また、事例1の性別役割を完璧にこなしてきた母のように、母親自身の中にある理念・思想と世俗的価値観も、彼女自身の中で矛盾したままで存在し、そのことを自覚していないならば、混乱そのものが伝わります。そのうえ、事例2や事例4のように母親からのメッセージと、社会から受け取るメッセージの違いも子どもを混乱させるでしょう。「娘に選ばせる」ということについても、「自己責任と突き放されるように感じた」という場合がある一方で、「尊重されている」と感じる土台になっている場合もあります。それぞれの子どもの個性も加味すべきだと思われますが、受け取る側の違いが見られます。

もうひとつの重要なポイントは、娘が母親以外のフェミニストと出会って、自分の苦悩を整理するとか、認識し直す作業をしていることです。これこそフェミニスト同士の友情以外の何ものでもないと言えますし、オープンな家族のありようを示唆しています。

しかし最大の問題は、「母親が幸せではない」との娘の嘆きでしょう。自分がどうかより、母親がどうかを気にしているのです。かりに仕事を持っていても、母親の基盤は家庭内にあり、精神生活も含め子どもには伝わっています。一方、多くの父親は仕事以外にマージャン、釣り、ゴルフ等々外に広がる世界があり、子どもにとっては幸不幸のわからない世界にいます。筆者（河野貴代美）の母も、不幸だという言葉は使わなくても（こんな用語は亡母にとって近代的すぎる）、父（夫）や姑のグチを言う中で幸せでないことをほのめかせ、私たち子どもは心を痛めていました。のちに、きょうだいで一緒に温泉にでも行こう、と母を誘っても行かないと言うのです。温泉に皆で行けば楽しいという経験をしたことがなかったせいでしょう。

これは母・娘問題の根幹と言えます。つまり、多くの母親の不幸を娘は感じ取りつつ、しかし、どうにもしてあげられないという苦悩。同性として母の生き方に反発しながらも、苦労して育ててくれたことは、たぶん息子よりわかっているという葛藤。やがてフェミニズムに目覚めた娘は、母を否定しようとするが、その裏返しで自己嫌悪になるというさらなる葛藤。

ここにフェミニストであると同時に幸せな母親であることの重要性が示唆されているように思われます。母親が幸せであるという手本を見せられなくては、娘はその情緒を学べません。そして幸せなフェミニストというのは、自由を担保しつつ、やわらかいフェミニストであること、それが娘への確かなメッセージになるのではないでしょうか。

（河野貴代美、河野和代、福田由紀子、福本尚子、他）

第6章

手のひらから世界に接続する若者たち

若年女性はどのような状況に置かれているのか

これまでフェミニストカウンセリングは、男女を問わず若者の問題にあまり触れてきませんでした。親（たいてい母親）の、思春期の子どもの家庭内暴力とか引きこもりなどの相談には応じてきましたが、子どもや若者自身を面談の対象にしたことは数例を除いてありませんでした。当事者が面談に来たがらないからです。しかし、それでは今を生きるフェミニストカウンセラーとして失格ではないか、フェミニストカウンセラーこそが問題を抱えた若年女性たちにつながるどのような方策があるのかを考えなければならないのではないかと思っています。

筆者（遠藤智子）が２０１１年から24時間の電話相談（よりそいホットライン）に関わり、２０１７年からは若年者対象のＳＮＳ相談に関わる中で、相談事例から若年層を取りまく深刻な状況が見えてきました。

女性、とりわけ若年女性は「性的搾取」に直面しています。こう書くと、ポルノのことやセックスワークの是非といった方向に向かうことが多いのですが、本章では、セックスワークについてではなく、それ以前や未満、その他の少なからずの女性たちが「性的に消費されることを受け入れている心の状態」について考えます。

「受け入れていく」背景には、「インターネット」という全世界を覆う革命的なコミュニケーションツールがあるのではないでしょうか。

若年層は、スマートフォンを通じて手のひらから日常的に世界と接続しています。ネットはもう身体の一部のようなものかもしれません。ところが残念ながら、ネット上では「わいせつ物頒布陳列状況」とでもいえるような「何でもあり」の状況が顕在化しており、そこでは女性差別的な表現なども「放置」されています。彼女たちは、女性を性的に消費することを「推奨する」情報が氾濫するデジタル空間に、精神的にも経済的にも孤立無援の状態で投げ込まれています。この状況が何を生み出しているのでしょうか。この時代の変化に、フェミニストカウンセラーは追いつかなければなりません。

「居場所のない」女性たち

今回、フェミニストカウンセリングが近付くことができなかった「女の子たち」への水先案内を特定非営利法人ＢＯＮＤプロジェクト（以下、ＢＯＮＤ）[*1]の橘ジュンさんにお願いしたところ、快く事務所で当事者のインタビューをセットしてくれました。

ＢＯＮＤは「10代～20代の生きづらさを抱える女の子のための女性による支援」をするＮＰＯ法人です。若年女性の支援では草分け的な存在で、スタッフは一人を除いて皆女性です。夜の街をパトロールして、さまよっている「居場所のない」若年女性たちを、身体を張って保護するのが日常です。今、ＢＯＮＤは、パトロールという相談のアウトリーチ活動をはじめとして、電話相談、メール相談、ＳＮＳ相談、面接、同行支援、シェルター提供などの直接支援に取り組んでいます。東京の繁華街のすぐ近くに拠点をつくり、日々奔走しています。

ＢＯＮＤが出会っている女の子たちを取りまく環境の過酷さは、家族の抱える問題、性暴力被害、貧困など、挙げだしたら枚挙にいとまがありません。まず皆さんに、本書編著者の河野貴代美によるインタビューを読んでいただき、若年女性の今を感じていただきたいと思います。

インタビュー　自分を大事にするということがわからない

河野（以下、K）：当事者として、面談に応じてくださりありがとうございます。
ともみさん（仮名・22歳／以下、T）：さっき話し合っていたことですけど、自分を大事にするってわからないんですよ。親から教わっていないし、誰からも教わっていない。最近ＢＯＮＤと関わって、自分を大事にするってことが、以前よりはわかってきました。1年たってＢＯＮＤの人の顔が、何かあったときに浮かぶようになった。それまでは、大人は強くて、宇宙人で、いい子にしていないといけないと思ってました。
K：何かあれば自分を大事にしている人の顔を思い浮かべることができるって、いいことですね。親との関係は？
T：人の目を気にする親だったので、他人の評価が親である自分の評価よりも高い。周りは親と学校の先生しかいなくて、テストの点数や言葉遣い、態度ばかり気にしてました。親からは、人前での立ち居振る舞いのみ言われ、だからいつもニコニコ笑ってばかり。他人がどう思うかしか自分の中にはないから、自分を大事にと言われてもわからないんです。
短大を出て40代の男性と付き合いました。バイトがクビになったとき、バイト仲間に紹介された男性でした。初めは普通だったのに3カ月ぐらいして豹変し、すごく暴力的になって。怖くてどうしようもなかったです。生活のこととか細かいことも教えてくれた人だったんだけど、数カ月で外に出してもらえなくなって。毎日怒鳴られて、言葉でも暴力、身体にも暴力を振るわれ、泣きわめいてもダメだった。友だちも誰もいなかったし。
K：あなたの状況をわかってもらえそうな人はいなかったんですね。
T：はい。そういうときに、座間の事件[*2]があって、「お前もこんなふうになっちゃうのかもしれない」って、笑いながらそいつが言ったので、それで怖くなってやっと逃げ出したんです。キャバクラに働きに出たとき、そのまま逃げました。
K：家族はそのときどうしていたの？
T：逃げたときは、家族のことは考えていなくて、バイト先の店長に特別にかくまってもらいました。そこで「親か警察どっちかに連絡しないと」と言われて。実家に戻ったとき、親に言われたのは、「せっかく付き合った人で、お金もある人なのに、もったいない」って。その言葉に衝撃を受けて、違うよなぁって。
K：それは大変でしたね。
T：はい、生きる方法がわかんない。一人暮らししていた元のアパートに戻って、過食して、寝たきりみたいになっていました。私、多重人格が心の中にいて、それらが出たり入ったり変わったりするんです、小学2年の頃から。シャワーを浴びていたり、お風呂に入っていたりするとき。解離っていうんですか?

K:解離性障害っていう言葉はあるけれど、誰かがそう言ったの?

T:精神科に今でも通っています。自分を変えたいから。暴力パートナーとのトラウマもあって。

K:どうやってBONDにつながったの?

T:短大が保育学科で、そのとき授業でBONDの番組を見せてもらったのが頭のすみに残っていて連絡してみました。BONDで一時保護されて、ここに出入りしながら、ずいぶん落ち着いてきました。

K:現在、どういうことをやっているのですか?

T:ときどきLINEを通してくる相談や電話相談に関わっています。ただ、保育の大学出ていて何学んだんだって思うくらい、福祉制度や行政機関の知識が不十分で、教えてもらいながらやっています。自分とは違う世界と思っていたせいですけど。

K:今は十分回復したと実感していますか?

T:十分じゃないと思うし、まだ精神科に通っているけれど。相談ごとも大変なケースはスタッフに代わってもらいます。それでも相談に乗ることで、自分の回復にもなります。

K:無理をしない限りそれはいいことですね。レイ(素人)カウンセラーという言葉があって、たとえば暴力の被害者などは自分の回復後、他者の回復に手を貸しますが、本来のカウンセラーより、よい手助けができる実態があります。

T：相談を聞くことで力をもらうことがあります。ただ、同じような話を聞いてつらくなるときもありますが。やることがないと余計に危ないことをしそうになるし、ある程度相談に関わっていたほうがいいとスタッフには言われています。しんどいときはやめるけど、治療しながらでも無理しないようにやっています。

（＊1）２００９年設立。相談に来るのは11歳から。多いのは16～23歳。社会資源につなげながら、緊急避難が必要なときなどは会いに行く。同行支援も行う。https://bondproject.jp/

（＊2）２０１７年10月に発覚した、神奈川県座間市のアパートの一室で男女９人が殺害された事件。ＳＮＳに自殺願望を書き込んだ若者が犠牲になった。

土台にある性暴力被害体験

筆者は、「性的に消費されることを促進」している要因は、内側からは、貧困とインターネットと性暴力の3点であり、外側からは、ＡＫＢ48などの「アイドル」に象徴される女性のロールモデルの「ジェンダーの固定化」だと考えています。それらを踏まえて、若年女性をめぐる状況を検証していきたいと思います。

性虐待は女性に対する「最初の暴力」

まず、彼女たちへの性暴力被害・性虐待の実態について見ていきます。「性的に消費されることを受け入れる心の状態」の土台が、若年時代の性暴力被害体験によってつくられていると考えるからです。次に紹介する事例は、電話相談、SNS相談に寄せられたもので、匿名性のため事実を変えてあります。

事例1 自分は悪くないという思いと自責の念と

幼い頃から実父による性虐待があった。大人になるために皆やっていると言われ、がまんしていたが、あとで本当の意味を知りずっと苦しんできた。父の子を中絶したときはレイプ被害という理由にされた。ニュースなどで同じ体験をした女性たちの報道を見るにつけ、思い出されつらくなる。どうにかしなければと思う反面、他人には知られたくないと思う。自分は悪くないと思いつつ、恥ずかしいことだと自分を責めてしまう。この体験のせいで、男性と交際して性的な関係になっても結婚までにいたらなかった。これまで、ずっと一人で抱えてきた。精神科は受診していない。(40代)

事例2　「がまんすればいずれは終わる」とやり過ごす

仕事を始めて一人暮らしになったのに、母の交際相手がときどき来ては暴力を振るう。性暴力も。避妊はしてくれない。せっかく家を出ても、逃げることができなかった。断れば、母親にも自分にもひどい暴力を振るうので逆らえない。大人にはだれにも相談したくない。母親に言っても何も解決しない。小さい頃、やはり暴力を振るう実父からの性虐待も止めてくれなかったから。警察も行政の相談も大人は信用できない。「がまんすればいずれは終わる。殺されやしない」と、やり過ごしている。（10代）

これらの事例でわかるように、卑劣な加害者は、何の罪にも問われていません。若年女性が何を言おうと、親のほうが強いからです。性虐待について警鐘が鳴らされてから何年たつのか。社会の認知はなぜこうも進まないのでしょうか。性虐待被害は、女性たちの苦しみのいちばん深いところにあります。

相談支援機関は幼い頃の彼女には出会わない

事例3 どうしたら外に出られるようになるのでしょうか

小学生の頃、見知らぬ男性から性被害を受け、家では兄に性虐待を受けていました。性虐待のことを母に言いたかったのですが、怖くて言えませんでした。大人になって、今年の春まで働いていた会社の上司からセクハラを受けました。すると急に、小学生の頃の性虐待を思い出し外に出られない状態になってしまいました。会社を辞めるとき、別の上司にセクハラのことを相談したのですが、会社には関係ないこと、個人と個人の問題と言われ、話も聞いてくれませんでした。今は男性が怖くどこにも行けません。急に怖くなって、パニック症状が起きるのです。だれとも連絡を取らず、一人の生活で引きこもっています。どうしたら外に出られるようになるのでしょう。(40代)

この相談は、性虐待と性暴力被害を受けた女性の心の後遺症を示す典型的な事例といえます。しかし、多くの相談支援機関は、幼い頃の彼女には出会っていません。出会うのは、「セクハラ被害相談」以降です。彼女は、セクハラが起きたときに初めて「相談」をするのであって、小学生のときの被害は通常、だれにも話さないからです。こうした「幼い頃からの被害が埋もれたまま」の相談は、いったいどのくらいあるのでしょうか。

「よりそいホットライン」（２０１１年度にスタートした24時間年中無休のフリーダイヤルによる電話相談。厚生労働省の補助事業）では「女性」と「若年女性」という専門の窓口が設けられており、一日に寄せられる電話は１７００件ほど。相談記録は毎年３万件ぐらいずつ積み重なり、もう30万件を超えています。女性たちは何に悩んでいるのでしょうか。いちばん大きいのは、性暴力被害に起因する生きづらさでした。幼いときから、そして老いてなお、女性たちと性暴力被害は切り離せないと痛感します。多くの相談記録を通して筆者は、性虐待から始まり、本人の活動範囲が拡大するにつれ、年を重ねる

表1　性暴力の被害内容と本人の状態（世代別）

時期	被害内容	本人の状態
幼少期から小学生	親や親族など近しい人からの性虐待	何が起きているか理解できていない
中学生から高校卒業まで	• 継続する性虐待 • 成長してからの性虐待 • 痴漢被害、レイプ被害 • バイト先等のセクハラ • 交際相手からの暴力 • 教師等からの性暴力 • SNSに起因する被害 • デジタル性暴力 • AV強要、JKビジネス強要 • 援助交際、パパ活等	• 性虐待がいけないことだと自覚して自責の念にかられる • 家族以外の性暴力に直面しても、相談することができない • PTSD等の発症があっても、医師に本当のことは告げられない • 貧困を背景として、性的搾取にあうが、搾取や暴力と理解できない
18歳～20代	同上 • 風俗産業での被害	• 性虐待が性暴力被害と気付きはじめるが、相談場所がない
30代～50代	同上 • パートナーからの暴力	• 性暴力被害の後遺症を認識でき、相談窓口につながるケースが出てくる
60代以上	同上	• 加害親の介護に悩む

につれ、被害の種類も加害者の種類も拡大していくと、考えるようになりました（表1参照）。

被害を受けたときに、相談ができない、訴えることができない女性たちは少なくありません。「恥ずかしかったり」「家族のことを思って」言えなかったり、「たいしたことないと思い込もうとしたり」します。被害後に体調不良となってから、こころと身体の傷に気が付くという経過をたどることもあります。先の事例のように被害は「語られず」、社会的にはなかったことになり、社会の認知が進まないというサイクルができてしまっています。だからこそ、若年の被害を食い止めることとの意義はきわめて大きい。被害者一人ひとりのさらなる被害の連鎖を止めることができるのですから。

性暴力被害は20代までに集中

性暴力被害は、20代までに集中しています。そのことは、何年も前から報告されている事実ですが、なぜか社会問題化されず、根本的な対策もなく放置されているのが現状です。痴漢被害が減少したという話は聞いたこともないし、社会的認知についてみれば、たとえば「レイプ神話」[*3]のことを知っている人の割合が増えているとは思えません。それに加えて、「若い女性への被害があるのは当たり前」という認識が社会に蔓延しているような気がします。以下、若年女性の性被害の状況について、数少ない調査を見てみましょう。

◆内閣府調査：3年に1回内閣府が実施する「男女間における暴力に関する調査」（平成29年度調

査[*4])において、若年女性の被害に関連しているものは以下のとおりです（ただし、この調査対象は20代以上）。

（1）レイプ

・無理やりに性交等された被害経験のある女性は7・8％

・被害にあった時期は、10代までが39％、20代までが約9割（複数回答）

（2）ストーカー

・特定の相手からの執拗なつきまとい等の被害経験のある女性は10・9％

◆よりそいホットラインのデータ等から

（1）SNSを使ったテキスト相談（よりそいチャット https://yorisoi-chat.jp/）

2017年度より取り組んできたLINEを中心としたテキストによる相談では、20代までの相談が6割を占め、女性は約8割である。性暴力被害の相談は1割を超えている。

（2）ホットラインで受けた性虐待被害の相談（2018年度）

女性専門ラインと若年女性専門ラインの電話相談の全相談数1万4299件のうち、性虐待被害の相談は627件（4・4％）、DVおよび性的な暴力・ハラスメントの相談は3103件（21・7％）となった。

性虐待被害にチェックのついた相談表の詳細な項目を精査すると、精神疾患・疾病のレベル、服薬・通院を踏まえた精神症状のレベル、人との関わり・社会との接点、食事への支障、睡眠への支障、仕事・学校・活動への支障等、ほぼすべてのチェック項目で、性虐待被害者の状況が性虐待のない女性に比して深刻であることがわかりました。ところが、相談者のうち10代では、精神疾患による病院への受診がまったくありません。被害が自覚されていないのか、うつなどの明確な精神症状が表れていないのか、あるいは家族など加害者により受診を阻害されているのか、原因は不明です。一方で、20代以降の受診率が急激に上がることから（30代以降については半数を超える人が受診）、性虐待被害が精神的な問題を引き起こしているであろうことは容易に推測できます。また、被害の只中では、だれかに相談をしていないことが想定できます。

このほか、性暴力被害には、「痴漢」「職場での性被害（セクシュアル・ハラスメント）」などがありますが、ここでは割愛します。

（＊3）レイプ神話とは、「女性が挑発する（隙がある）から」「暗い夜道など危険の多い所に行くから」「本当に嫌なら最後まで抵抗するはず」など、性暴力の被害者にも責任があるかのようにいう実態とはかけ離れた言説。

（＊4）内閣府男女共同参画局「男女間における暴力に関する調査」（平成29年度調査）http://www.gender.go.jp/policy/no_violence/e-vaw/chousa/h29_boryoku_cyousa.html

デジタルな性格を持つ性被害

現代的手法で法の網をかいくぐる犯罪

性暴力被害が「デジタル」な性格を持つようになりました。アダルトビデオ（以下、ＡＶ）への出演、リベンジポルノ、盗撮などなど。最大の特徴は、ネット上に流出した場合、削除がきわめて困難ということです。また、制作過程の複雑な仕組み、たとえばプロバイダーを海外に置くなど、現代的な手法で法の網をかいくぐる体制がつくられています。

◆ＡＶ出演強要

ＡＶ出演強要の被害は大変重篤《じゅうとく》なものとなります。被害者支援は、多岐にわたる複雑なプロセスを必要とするため、対応が遅れてきました。近年、ようやく政府の取り組みも始まっています。[*5] しかし、相談は少なく、やっと氷山の一角が表れたにすぎないという状況です。「ポルノ被害の現実と支援について」として別途記述を設けました（174頁参照）。

◆リベンジポルノ

「私事性的画像記録の提供等による被害の防止に関する法律」（いわゆるリベンジポルノ防止法）が制定された契機は「三鷹ストーカー殺人事件」でした。２０１３年10月８日、18歳の女子高校生が、かつて交際していた男性に殺害された事件です。インターネットの普及は「性行為や裸の写真・画像を撮影し」、それを「インターネットで拡散するぞと脅迫する」という暴力を出現させました。現代の若者は、24時間映像と画像に囲まれています。生活の一部となっているこの風景に、自分の隠しておきたい姿がさらされるということへの恐怖は、想像を超えるものがあります。

自己の画像の流出等に関する相談等件数は、２０１８年は１３４７件（前年比＋１０４件）と増加し、「画像を所持されている、撮影された」という内容が大幅に増えています。統計[*6]を見ると、9割が女性の被害で、加害者は交際相手や知人、ほぼ20代の犯罪です。さらに最近は、ディープフェイクと呼ばれる、顔のすげ替えによるリベンジポルノまで見られるようになりました。テクノロジーは、こうした暴力を発生させる方向にも使われていることを知ってほしいと思います。

（＊5）政府広報オンライン「アダルトビデオ出演強要問題・『ＪＫビジネス』問題等」
https://www.gov-online.go.jp/tokusyu/no_avjk/
（＊6）「私事性的画像に係る事案の相談等件数」21〜24（警視庁「平成30年におけるストーカー事案及び配偶者からの暴力事案等への対応状況について」）
https://www.npa.go.jp/safetylife/seianki/stalker/H30taioujoukyou.pdf

ツイッターの中で何が起きているのか

性行為は「貨幣」になったのか

事例4 家出してネットで知った男の世話に

ネットで知り合った40代の一人暮らしの男性宅に世話になっている。食事を用意してくれるけど、体を要求されることもある。避妊はしてくれない。エッチしたいわけじゃないけど泊まらせてもらっているし、やらないといけないのかなと思う。家には帰りたくない。家にいたくなかった理由は言えない。父は心配してないと思う。中学生になってから、家がイヤになった。母の居場所は知らない。このままだと出席日数が足りなくなると思うので心配になってきた。（10代）

この事例から、「家出少女」をめぐる状況の一端を垣間見ることができます。家出をしたい↓ネットで泊めてくれる人を探す（神待ち、パパ活、などなど）↓泊めてくれる代償としてセックスをする――こうしたサイクルが見えてきます。性行為は、等価交換可能な「モノ」になったかのようです。確かに、荻上チキ氏らのいう「ワリキリ」[*7]（荻上チキ、飯田泰之著『夜の経済学』扶桑社）

という言葉がふさわしいかもしれません。若年女性たちから見れば「ワリキリ」かもしれませんが、反対側の男性たちから見たら「安価な買春」以外の何ものでもないように思います。

売春的な行為にはもちろん、いろいろな種類があり、いろいろな背景があります。ただ、ここでは若年女性の個人的な関係の中での売春的行為について、インターネット上ではどんなことが起きているのかを、ツイッターに焦点を当てて見ていきます（風俗産業的なものについては言及しません）。

ツイッターでつぶやかれた事例A

◎お金に困ってます。することはするので、お金くれる方いませんか？

◎家出したい。#家出少女　#パパ活　#誰か泊めて　〔返信〕大阪市内で猫がいてるけど大丈夫なら助けますよ、よかったらDMしてみてください。

◎明日朝からお昼までこっち来てくれる人限定で会える人いません⁇　〔返信〕はい、行けます！となる前にもう少し情報ないと動けないよね。こっちは〇〇（地名）でいいなら10時に〇〇駅前にいこうか？

ツイッターでつぶやかれた事例B

◎都内で会えるパパさん探しています。年齢18歳、身長１５９、体型やせ型

条件　・お金に余裕がある方　・人見知りせず話を振ってくださる方　・暴力、盗撮、盗聴NG　・お金は先払い現金のみ　・清潔感のある40歳までの方　・事前に顔写真DMでお願いします。

料金　・2500円／h　・交通費1000円（都内）　※その他、食費などのデート代はパパさん持ちでお願いします。

オプション　・手つなぎ2500円　・ハグ3500円　・胸揉み4000円　・キス　5000円　・Dキス　7000円（ハグから下は個室居酒屋やカラオケなど個室で）

◎18歳の下着売り子です。×手渡しでの下着販売はしません。×カカオ or LINE等の交換はしません。×詐欺、冷やかし等やめてください。

「#家出少女」などのキーワードで検索すると、すぐ出てくるのが事例Aのようなツイッター上のつぶやきです。家出した少女の居場所探しと、それにすぐ答える男性たちのやり取り。どこに住んでいるかも、全世界が知ってしまいます。

お金欲しさの売春や販売の売り込みと読めるもの（事例B）については、「#販売」や「#パパ活」といったワードで検索します。「指導や逮捕」の対象となるのかもしれませんが、これが堂々と全世界に向けて発信されているのです。彼女たちが金銭を得る方法が、こうしたかたちで一般化している社会の状況を考えずにはいられません。

「平成30年におけるサイバー空間をめぐる脅威の情勢等について」[*8]（警察庁）を見ると、サイバー犯罪の22・3％は児童ポルノ・児童買春違反です。そして、「平成29年におけるSNS等に起因する被害児童の現状と対策について」[*9]（警察庁）では、ツイッター利用による犯罪被害を受ける子どもたちがいちばん多いことがわかります。

また、2019年3月15日、ツイッター社は「児童の性的搾取」に該当したとして2018年7～12月で世界中のアカウント45万6989件を凍結したと発表しました。このうち29％に当たる13万件以上が、日本国内のアカウントだったというニュースもありました。「個人対個人」のSNSの世界で、「性的搾取」も「犯罪行為」も行われているというのがリアルな日常です。ご承知の通り、ツイッターに書き込んだものは基本的に全世界に発信されます。ネット上の性暴力被害者支援の活動をしている団体の人から、「家出少女」についてのやり取りを教えていただいたときの衝撃は忘れられません。

（＊7）個人売春を指す隠語。「お金で割り切った関係」に由来するという。
（＊8）警察庁「平成30年におけるサイバー空間をめぐる脅威の情勢等について」
http://www.npa.go.jp/publications/statistics/cybersecurity/data/H30_cyber_jousei.pdf
（＊9）警察庁「平成29年におけるSNS等に起因する被害児童の現状と対策について」
http://www.npa.go.jp/safetylife/syonen/H29_sns_koho.pdf
同資料　http://www.npa.go.jp/safetylife/syonen/H29_sns_shiryo.pdf

「死にたい」とつぶやく背景に見えるもの

ツイッターでつぶやかれた事例C

友だちにも言えなくて。気持ち悪いと思われるから。幻滅すると思います。ごめんなさい。ちゃんと、早く死にます。私は、お父さんに体を触られたことがあります。たぶん、12月の最初とかでした。普通に、自分の部屋で寝てて。私の腕のあたりに何かの感覚があって、それで目が覚めて。（略）眠いはずがないのに、頭が働かなかった。ただひたすら寝てるふり。ふつうは「いや！　やめて！」とか言って、抵抗すると思うし、逃げることだってできたはずなのに。私はそれをしなかった。（略）あの夜を日常にしようとしたんです。お父さんの手を忘れれば、お金も手に入る。やらない理由がなかった。つぶやいたら、何人もの人からメッセージが。会う約束を取り付けました。（略）

ツイッターで「#死にたい」を検索すると、すぐこんなつぶやきが表れます。父親からの性的虐待、母親の身体的虐待によって、自身を汚いと感じて、自死について考えている。彼女は性的虐待を「塗り替える」ために、ツイッターで出会った男性と会おうと考えています。「性的に消費されることを受け入れる」理由のひとつは、ここにもあるのではないでしょうか。

以前から、10代の女性の性行為の対象には20代以上の社会人が多いことは報告されていました。「成人男性が若年女性を性のターゲットにしていること」は、おそらく昔からずっと変わらないわけですが、時間も空間も制限のない、常に全人類に（ほとんどタダで）解放されているインターネットというプラットフォームによって、いわゆる「出会い」の場、というよりは、成人男性による若年女性の「狩場」が広がりを見せています。なかでもツイッターは、最大の「狩場」ということでしょう。

なぜ若い世代の苦しみが放置されているのか

「被害」ではなく「日常」として、淡々と「タイムライン」に若年の女性たちの悲鳴のようなつぶやきが流れ続けているのが、日本社会のSNS事情の一面です。どうしてこんなふうに若い世代の苦しみが放置されているのでしょうか。

それは、「相談を受ける世代」「相談窓口をつくる決定をする世代」がネットに不案内だからです。相談員やカウンセラーの多くは40代以上。SNSを日常的に活用している人は、だいたい年代が上がるにつれて少なくなっています。その結果、SNSにあふれる若年女性たちの「被害」に、相談員やカウンセラーは触れることができていないのです。

次に、公的機関で「相談すべき課題」とされていないことも問題です。たとえば、役所には「国保」や「介護」や「障害」や「DV」などのドアがありますが、そこに存在しないものはサービス提供がありません。役所の相談窓口には「援交」とか「中絶」とか「レイプ」などと書かれていません。当然、若年女性たちは「自分には関係ないなぁ」としか思わないでしょう。そもそも、「被害の只中にある時期」には被害を被害として実感しにくい状況があります。性的な搾取が「相談できる悩み」だと認識することは困難だと思います。しかし、認識はしていないが、息苦しさはある。だからこそ、その息苦しさに大人たちが「名前を付け」て、そのことが「相談できること」だと認知できる状況に社会を変えていくことが重要です。

そして、18歳未満の場合は、児童虐待防止法などの対象ですが、法の趣旨では「子どもの虐待に気付いた大人が通報する」ことが基本なので、「自らが申し出る」＝「相談する」ことは想定されていないともいえます。18歳を超えたら「自己責任」だが、18歳までは大人に何でも決められてしまう。本当におかしな仕組みになっています。

ジェンダーの固定化と「性の消費のシステム」

「性の消費のシステム」形成の経緯

以前から性暴力被害は若年女性に集中しているとわかっていながら、「児童」に対する対策以外は取られてこなかったのはなぜでしょうか。本来であれば、社会的に守られるべき世代であろう10代の少女たちの性を大人の男たちが「消費する」ことが、なぜ「社会的に大丈夫なこと」になってしまったのか。性暴力について長年取り組んできており、２０１９年から高槻市議会議員となった遠矢家永子《とおやかえこ》氏はこう書いています。

「ネットが普及されるまでは、性を商品とするポルノは子どもや若者の手には届きにくいところにあり、親や先輩、仲間などが所蔵しているＡＶを隠れて観るなど特別なルートがなければ、子どもが簡単に目に触れるものではありませんでした。そしてその頃のＡＶは演技であり、いわゆる本番といわれるものではなく、また女性や子どもへの性的虐待を娯楽化するものは一般的ではありませんでした。ところが、今では映画館に出向かなくても、また成人雑誌やＡＶを購入しなくても、誰でもポルノ画像を簡単にネットで視聴できますし、その表現はより過激なものとなりました。観たくない者にも、広報ツールの中に女性や子どもを性的商品とするアイコンや書き込み、画像が送りつけられてくる時代となってしまいました。それと並行して、２００５年に『会いに行けるアイドル』をコンセプトにＡＫＢ48劇場が誕生し人気を得たことで、アイドル活動がより身近となり一般化されました。ジュニアアイドルがテレビでもてはやされ、女性性の商品化の低年齢化に拍車がかかっていきました。」（遠矢家永子「ポルノ被害相談までの経緯と現状」『ＮＷＥＣ実践研究』第9号、２０１９年2月）

私たちが対応できないうちに、インターネットの進化に伴って「性の消費のシステム」は完成しつつあるようにも見えます。ＡＶ強要のケースでも、「アイドルになりたい」という欲求を逆手に取られていく状況があります。アイドル、ＪＫビジネス、インターネット状況などにフォーカスして、日本の世情の流れを簡単まとめたのが次頁の表２です。

「用意された」二つの生計の手段

表２を見てまず気付くのは、１９８５年に男女雇用機会均等法と労働者派遣法と「おニャン子クラブ」とキャバクラが同時にスタートしていることです。

考えすぎだと言われてしまうかもしれませんが、85年に女性たちの社会への参画の道は二つ提示された、いや、「用意された」のではないかと考えます。均等法と派遣法が「女性を正規と非正規」の労働者に仕分けしたという話ではありません。女性の本格的な「労働者としての社会参画を進めるにあたって」、女性たちに二つの選択肢——「女性性を活用して生計を立てるか」「女性性を活用しないで生計を立てるか」が、示されたのではないかということです。「女子力」という言葉もイヤな言葉ですが、抵抗なくこの社会に浸透してしまいました。ジェンダーバイアスにきわめて鈍感で、批判力のないこの国のマスコミのおかげで、女性たちは、女性性を活用する「べき」だと学ばされてしまったのではないでしょうか。

85年以降、どんなことが起きたのか、箇条書き的に挙げてみます。

①「性的行為」の供給のスタイルが、リアルで組織的な形態（地上での店舗営業等）から、ネット上を含め「個々」の対応に変化した（テレクラ→出会い喫茶→出会い系アプリ→ツイッター、無店舗

表2　アイドル、JKビジネス、ネット状況にフォーカスした日本の世情

年代	世情	女性関連法	ビジネス関連	ネット上の変化
1985	•「おニャン子クラブ」誕生（秋元康プロデュース） •ボディコン時代	男女雇用機会均等法と労働者派遣法の制定	テレクラ、キャバクラ等の営業形態がスタート(85年頃といわれる)	
1994	•『制服少女たちの選択』（宮台真司）出版 •コギャル文化と呼ばれる時期			
1996	•「援助交際」「ルーズソックス」「チョベリバ」「アムラー」が流行語大賞トップテン。大賞は「自分で自分をほめたい」			
1997	•モーニング娘。誕生			
1998	•「ガングロ」が登場	風営法改正	無店舗型性風俗特殊営業（デリヘル）誕生	
1999		•児童買春・児童ポルノ処罰法施行 •男女共同参画社会基本法施行		
2000		ストーカー規制法施行		
2001	•Cure Maid Café開店（秋葉原）	DV防止法施行		
2002		•「出会い系サイト」に係る児童買春等の被害から年少者を守るために当面講ずべき措置（内閣府） •「出会い系」サイトの法的規制の在り方について（中間検討案）（警察庁）		
2003	•都立七生養護学校（現・七生特別支援学校）事件。これより性教育バッシングが始まる	出会い系サイト規制法施行		
2004		•児童買春、児童ポルノに係る行為等の処罰及び児童の保護等に関する法律（略称：児童ポルノ禁止法）改正 •犯罪被害者等基本法制定		Facebook誕生
2005	•「会いに行けるアイドル」をコンセプトにAKB48と劇場が誕生	刑法に人身売買罪新設		

年代	世情	女性関連法	ビジネス関連	ネット上の変化
2006	• レイプレイ（イリュージョンソフトのビデオゲーム）発売		「JKリフレ」誕生。その後多様なJKビジネスが生まれる	Twitterスタート
2007				初代iPhone発売
2011		風営法改正：出会い喫茶に未成年の入店禁止		LINEがスタート
2013	•『難民高校生―絶望社会を生き抜く「私たち」のリアル』（仁藤夢乃） • 三鷹ストーカー殺人事件	労働基準法違反によって「JKリフレ」一斉摘発		
2015	• 三重県PRキャラクター碧志摩メグ問題 • おっぱい募金に対するネット署名活動 • AVへの出演を拒否した女性に対し、所属プロダクションが2460万円の損害賠償を請求する訴訟でプロダクションが敗訴	• 愛知県青少年保護育成条例において「有害役務営業」を新設（JKビジネス対策）、児童福祉法違反（淫行させる行為）により一斉検挙、児童の性的搾取等に係る対策に関する業務の基本方針決定	秋葉原のジュニアアイドル専門店「おいも屋本舗！」閉店	
2017	• インターネットドラマ「パパ活」放映 • ツイッター上の買春的行為の活発化、座間事件、志布志市PR映像うなぎのうな子問題、宮城県観光PRCM問題	• 児童の性的搾取等に係る対策の基本計画（子供の性被害防止プラン）決定 • 刑法改正		
2018	• AKB48グループのメンバーが、K-POPグループとしてのデビューをかけ韓国・Mnetの番組『PRODUCE 48』に挑戦。その後メンバーの韓国流出が続く	• 政治分野における男女共同参画の推進に関する法律制定・施行		
2019	• 新潟に拠点を置くアイドルグループ・NGT48の山口真帆さんが、男性2人から暴行被害を受けたことをSNSで告発			

※「JKリフレ」：従業員の女子高生が個室で手や足裏マッサージなどの簡易マッサージを提供すること。「リフレ」はリフレクソロジーの略語（お金を稼ぐために、自らの意思で性的なサービスを提供する場合は、店のメニューにはないことから「裏オプション（裏オプ）」と呼ばれる）。「JKリフレ」は性的興奮を与える有害業務と位置づけられ、2013年、労働基準法違反によって一斉摘発された。「JK見学クラブ」「JK作業所」「JK撮影会」「JKお散歩」といった「JKビジネス」、「JKコミュ」「JK相席屋」「JK占い」などもある。

※AKB商法：握手券や総選挙の投票券をCDに付属して販売するシステム。ファンは握手券等獲得のためにCDを買うこととなり、販売部数を増やすことができる。

参考 https://news.yahoo.co.jp/byline/soichiromatsutani/20190321-00119018/

型風俗の誕生)
②18歳未満の売買春行為、JKビジネスなどに関しては、政府の対策が立てられている(が、18歳を超えれば「自己責任」)
③若年女性芸能人のイメージは「会えるアイドル」となった
④キャバクラが女性の「職業」として社会的に認知された
⑤男女平等に関しては、男女共同参画社会基本法、政治分野における男女共同参画推進法以外大きな進展はない
⑥刑法改正で一部性暴力加害者への処罰は進んだが、全般的には「被害者」支援の法制度だけが進められている
⑦教育機関における性教育が後退した

この流れの中に、冒頭で挙げた、「どうして性的に消費されることを受け入れているのか」という問いへの答えがあると思います。それは、「女性は、『女性であること』を『使う』ことが当然だと社会が語るから」なのです。

「女性であることを使う」理由

役割モデルとしてのアイドル

ＡＫＢ48は日本のアイドル像を塗り替えたといわれるほど、若年女性に影響力を持っています。これまでのアイドルと違う点は、彼女らが「高嶺の花ではなく、会えるアイドル」だと言われていること。たぶん若い女性たちの多くは、ＡＫＢと自分を地続きに感じているのではないでしょうか。アイドルと自分の軽い同一化というか同一視です。ＡＫＢのように振る舞うことが「時宜にかなったこと」だと感じている。

プロデューサーの秋元康氏は、「ファンは自分が会いたいと思ったときに会える。ＡＫＢに会う主導権はファンのほうにある」と言います。さらに、「下手でも一生懸命やっていることを見せることが大切」で、「素人」であることを強調しています。これは言い換えれば、「客体であれ」「言いなりになれ」「スキルを持つな」「お高くとまるな」ということで、まさに、女性へのジェンダーバイアスそのものです。ＡＫＢの楽曲の作詞はすべて秋元康氏であり、そのことも奇妙で不気味です。

ＡＫＢ48を見ていると、居心地が悪くてたまらなくなります。筆者（遠藤）は、フェミニストカウンセリングに出合って「人のいいなりにならない自分＝女性のジェンダー規範に反する自分」

を初めて認めることができました。今の若年女性にそうした「社会を批判的に見る」ことを学ぶ機会があるのでしょうか。

ＡＫＢが女性たちの役割モデルになってしまったとすれば、「会えるアイドル」をもう一歩進めれば「触れるアイドル」、さらには、たびたびイベント等で「事故」のように報道されることがありますが、「触っていい」アイドルになりはしないでしょうか。そして、それを内面化したら、「触られる」ことに抵抗することが難しくなるでしょう。ＡＫＢの存在は、性的な働きかけに対する女性たちのハードル（つまりは「断る」という行動）を下げさせる働きをしているように思えてなりません。しかも、教育機関で十分な性教育は行われていない、つまりは性行為や避妊について教わる機会もないのに、です。「アイドル」になれることが女性の価値となってしまえば、古くて新しい「美醜」の価値観が女性たちを縛るのも当たり前のこと。「アイドル」が「性差別的に取り扱われ」消費されるさまを見て育つ子どもたちが、自分の価値観にジェンダーを取り入れてしまうことは止められないでしょう。

性虐待と「ワリキリ」

前に触れた『夜の経済学』では、彼女たちが「風俗ではない個人的な売春的行為」を行う背景等について以下のように書いています。

「ヤリ逃げ、暴力、犯罪などに巻き込まれるリスクを考えると、個人売春であるワリキリは決して働く側にとって有利な業態ではない。従業員に、同僚に、そして客に対してある程度のコミュニケーションをとることができる女性はフーゾク嬢に、これらのコミュニケーションを回避したいという女性はワリキリを選択する傾向があると考えられる。（略）学歴が低いこと、精神疾患やその予備軍である比率が高いこと、対人コミュニケーションを苦手としていることなどは、貧困に陥る可能性を大いに高めることにもなる。ここから相対的に、貧困型売春が多く、移動性・移住性が低いワリキリ嬢の平均的な姿が浮かび上がってくるといえるのではないだろうか」（11頁）。

「学歴が低いこと、精神疾患やその予備軍である比率が高いこと、対人コミュニケーションを苦手としていること」が、「貧困に陥らせ、ワリキリを選択する可能性を高める」とすれば、さらにそうした状況となる背景として、筆者は性虐待被害の影響がある場合も少なくないのではないかと考えています。

同書はDVや虐待についてはインタビューの質問項目としているようですが、性虐待は調査項目に含まれていませんでした。性虐待・性暴力の被害者のプロフィールは「ワリキリ嬢の平均的な姿」に重なるように思えてなりません。橘ジュン氏、仁藤夢乃氏の著作にもたくさんの事例が書かれていますが、性暴力・性虐待の被害当事者の多くは売春的な行為に関わっています。

私たちは、若年女性の心理に対する性虐待・性暴力被害の影響を、「日本の現状に沿って」急ぎ解き明かす必要があると思います。

「自分自身になること」のサポートが求められている

「それはあなたが本当に望んだことですか」

ここ数年、仕事上などで20代の女性たちとつながる機会がありました。見えてきたのは、「家族」はもう崩壊しているという事実です。そして若者たちは、性虐待だけではなく家族からの多様な被害、押し付け、過剰な期待などを一身に受けて、家を出たいと願い続けています。しかし、彼女たちの苦しみは、フェミニズムと出合うことによってかなり軽減するはずです。「自分を大事にするということ」「家族について」「パートナーとの関係」「性的な存在としての自分について」「性暴力被害からの回復」「仕事への向き合い方」「エンパワーメント」など。すべては既存の支援体制に欠けていて、フェミニズム・フェミニストカウンセリングが持っている財産、知見、体験です。

フェミニストカウンセリングは「女性のための心理カウンセリング」ですが、いくつか特徴的な考え方に基づいています。ひとつは「個人個人の悩みは、個人の問題ではなく、悩みの解決には社会を変革することが不可欠だ」という、「パーソナル　イズ　ポリティカル」の考え方です。カウンセラーには社会との対峙が絶え間なく求められているといえます。そして、カウンセリングを「受ける」側にも、「自分自身について深く考える」ことを求めます。

本章で課題としている性暴力被害へのフェミニストカウンセリングの役割は大きくは二つ、被害への気付きと認識、そして回復への支援です。フェミニズムは、女性が自分の体を自分のものと感じること、その快不快をもとにした「性的自己決定」の重要性を訴えてきました。

性暴力被害にあったとき、感覚も感情も、自分だけでは浮遊してつかみづらいものです。フェミニストカウンセリングでは、

「それはあなたが本当に望んだことですか」

「そうしてみて、あなたは実際にはどう感じましたか」

などの質問で、自分自身を明確にしていきます。言葉にすることで確かなものと感じられるようになるからです。

自己否定感や恥辱感が強かったり、それ以前に自分がよくわからないときには、自分に目を向けること自体が怖いと感じるでしょう。重苦しい感じたくないことは放置したいと思うかもしれません。トラウマ体験とは、たとえば地雷のようなもので、不用意に踏んでしまうと感覚や感情の爆発（フラッシュバック）が起きるため、できるだけ自分に目を向けないよう生きることが生き延び策となります。しかし、何も感じないよう麻痺させていれば、世界をぼんやりとしか感じられません。いつ爆発するかわからない地雷原を歩くのは緊張の連続です。

トラウマ体験のある人には、カウンセリングとは地雷撤去の作業だと話すことがあります。地雷は撤去することができるのです。地雷のありかをカウンセラーと一緒に丁寧に探し当てれば、

爆発せずに撤去することができます。そして安全地帯で、「同意のない性行為」はすべて性暴力であり、それ以外の生き方が選べるとしたら、本当はどんなふうに生きたいと考えているのかを、カウンセラーとクライアントが一緒に探していきます。

「流されてここまで来て、いつのまにか仕方なくこうなってしまった」「今さらどうにもできないし、だれもわかってくれない」。そう感じるときにも、フェミニストカウンセラーは諦めません。なぜなら、それは変えるべき社会を変えられなかった私たちの問題であり、女性全体の課題でもあるのですから。

自分をかけがえのないものと感じるところから、「私を生きること」は始まります。もし一度もそんなふうに感じたことがなかったとしたら、これまで起きたことのすべては、あなたの責任ではありません。あなたがあなたではなかったのですから。

「性暴力被害を受けた若い女性の皆さん、『自己責任』の言葉に、どうぞ惑わされないでください」と呼びかけたい。若者たちは相談しません。その力がないのと、「生きづらさの原因」がわからないことと、「相談して何かが解決する」とは考えられないからです。であれば、こちらから出向いていく、「押し売り」も必要になるのではないでしょうか。

「あなたはあなたのままでいい」というフェミニズムのメッセージは、傷ついた人にこそ最も必要なものです。この言葉が届く状況にするためには、「自分自身になること」のサポートをすることが、まずフェミニストカウンセリングに求められているでしょう。

シスターフッドを取り戻す

彼女たちの未来のために私たちができること

個人的な印象として、50代以上の方は男女を問わず、現在の非正規労働者の実態について実感が持てていないと感じます。40代以下、氷河期世代以下の多くの女性たちは「不本意非正規」であり、安定的な昇給や退職金などの制度の対象となっていない「その日暮らし」を一生を続けることを強いられています。20代

図1　若い女性たちの未来のためにフェミニストカウンセラーに実施してほしいこと

❶無料でカウンセリングをする（ネットでもリアルでもいい）

(1) カウンセラー個人としてもカウンセリング・ルームとしてでも、ウェブサイトを作成し、その中で。あるいは、掲示板形式でも、チャットでも、メールでも、SNSのアプリケーションでも（LINEやスカイプなど）テキストを使った入り口をつくって相談を受け付けるシステムをつくる

(2) ビデオ通話ができるアプリケーションを使って、カウンセリングをする

(3) 今のカウンセリング・ルームに無料の日をつくる

❷ネット上でフェミニストカウンセリングについて発信する

(1) ツイッターがマストだが、上記のカウンセリングの広報をネット上で拡散する

(2) フェミニストカウンセリングとは何か、どんな役に立つのか、宣伝する

(3) ヤフー知恵袋の「フェミニストカウンセリング版」をつくる

(4) ヤフー知恵袋などの回答に、フェミニズムの視点で回答する

❸リアルの居場所を提供する

(1) 家出少女の居場所をつくる。だれかが、部屋を提供して（ローテーションでもいい）、干渉しないで自由にできる空間を確保し、それをネットで宣伝する

❹具体的なトラブルを一緒に解決する

(1) 大人のネットワークを駆使して彼女たちの悩みの原因を解決する

(2) 必要なときは、一緒に交渉に行く

(3) 組合役員や弁護士や社会福祉士のような直接の支援者の役割をするつもりで

以下について考えてみれば、そうした非正規労働者を親に持つ、日本社会で初めての子どもたちです。年金なんてもらえると思わないから、どんな働き方だって同じじゃないかと思うのも無理はありません。不本意非正規の彼女たちや子どもたちが、不本意な売春的行為に追い詰められる可能性が高いことを見逃してはいけないと思います。

世代を超えた相互扶助、(あまりにも具体的な)シスターフッドが求められています。皆さん一人ひとりにお願いしたい。若い彼女たちの未来のために、何かをしましょう。図1は、その具体的なプランです。フェミニストは今こそ、「家父長制・ジェンダー」からの解放に向けて「シスターフッドって頼りになるよ」と、若年女性たちに伝えてほしいのです。

(遠藤智子、河野貴代美、河野和代)

【参考図書】

●荻上キチ、飯田康之『夜の経済学』扶桑社　2013

ポルノ被害の現実と支援について

ここでいうポルノ被害とは、ポルノグラフィ(アダルトビデオ。以下、AV)制作・販売・流布による性被害を指します。広く知られるようになったのは2015年、AVへの出演を拒否した女性に対し、所属プロダクションが2460万円の損害賠償を請求する訴訟がありプロダクションが敗訴しました。この事件の報道により、若い女性への〝AV出演強要〟が社会問題となりました。

ポルノ被害の存在は、事件になり報道されるか、支援者が社会に向けて書くなど発信しない限り目に触れることはありません。また、女性だけでなく男性の被害者も存在していることはあまり知られていません。被害者の傷は深く、この問題についてフェミニストカウンセリングのアプローチとアドヴォカシー（代弁者）活動は急務です。

①フェミニストカウンセリングへの相談との違い

多くの場合、相談者はAVを販売してほしくない、インターネット上の画像を消したい、契約違反を訴えたい、などの「問題解決」を求めています。そのため、事実関係の聞き取りが中心となり、フェミニストカウンセリングというよりは法律相談や消費者相談に近いかたちになります。親や恋人には絶対に知られたくないという人が多く、関係を聞く必要があるときは問題解決に必要であることを説明し同意を得るなどの配慮が必要です。

②初回面接の方法

初回面接では、「よく相談に来てくださいましたね」と言葉をかけ、守秘義務と情報共有の範囲を伝えます。勇気を出して相談に訪れたであろう思いを受け止め、信頼関係を築くためです。守秘は当然ですが、相談を組織で行うとき、支援者間で情報は共有すること、相談の内容によっては外部の機関や弁護士と連携する必要があること、その場合は必ず相談者の了解を得たうえで情報の共有を行うことを説明します。この説明は、相談者の信頼を得るために必要です。

相談者が主体者です。相談者の願いに寄り添い、問題解決の方法を探します。支援者はあまり多くの情報や早急な解決策を伝えすぎないようにします。相談者の多くは記憶が混乱していたり、何に困っているのか整理がついていない場合があります。支援者が豊富な知識や情報を提供しすぎると、消化しきれず、相談者が解決したい自分の願いを見失いかねません。

■相談事例の解決の流れとポイント

Aさん（23歳）は、現在働いています。18歳のときAVに出演しました。きっかけはお金が必要だったからです。スマホで「高収入・バイト・女性」と検索し、他のサイトと違い信頼できる会社と思ったので「読者モデル」の仕事に応募しました。モデルに興味があったし、旅費はプロダクション持ちで、東京で面接するのも魅力でした。打ち合わせはすべてLINEでした。東京では事務所の専属の美容室に行き、ヘアとメイクをしました。面接ではアダルト関係の仕事とは言われませんでした。学生証のコピーを取られ、その場で契約書にサインしました。契約書（の控え）はもらっていません。仕事を行う際に相手に見せる写真が必要と言われ、写真撮影を求められました。外には出さない、ヘアとメイクを変えているので顔バレ、身バレ（身元が他人に知られること）はないと言われ、裸の写真撮影に応じます。

所属後、モデルの仕事はありませんでした。あるとき、事務所に呼ばれ、性的な接待をするよう求められました。そのときの動画と面接のときの裸の写真を編集しＤＶＤにして売り出されていたのを最近になって知り、販売をやめてほしいと相談にきました。

①主訴の確定

どういう経緯で何があったのか、どうしたいのか具体的に語ってもらいます。思い出したくない記憶であり、時系列が乱れていることもありますが、第一段階は本人の言葉のままに具体的な事実関係を聴き取ります。第二段階は支援者の言葉に置き換え確認し、最後の第三段階で相談者本人の言葉で再確認し書面にまとめます。

・事実関係の項目[*1]：面接の日時、スカウトに応じた方法（ネット・電話）、宣伝材料用の写真撮影、組織図（会社名、担当者の氏名）、契約書の有無（出演同意書、制作会社同意書、パブリシティ関連）、撮影日時、撮影本数、金銭の授受、また法テラスや警察など他の団体に相談したかどうかなど

・主訴：ＤＶＤの販売停止とＡＶショップのネット画像の削除

・希望：親には絶対に知られたくない

②支援方針を伝える

・販売停止に関してはＡＶ人権倫理機構[*2]に対し停止書類を提出する

・ネット画像の削除に関しては販売が停止されてから考える

販売停止に関しては、ＡＶ人権倫理機構がＡＶ作品の販売、レンタル、配信等の停止申請を行っています。申請書類をダウンロードし送付すれば、無料で停止申請できますが、対象とするＡＶは機構に賛同するメーカー、プロダクション、コンピューターソフトウェア会社限定で、それ以外のメーカーや無修正のＡＶ作品には対応できていません。

削除に関しては、弁護士を通じて法的な権利を要求したほうが良い結果を生むことが実証されています。弁護士に依頼する費用がなければ法テラスを利用する方法もあります。ただし相談者が未成年の場合、法テラスを利用するには親に書類を書いてもらう必要があり、絶対に知られたくない場合どう説得するかは難しい問題です。相談者の意思を尊重しながら進めることが求められます。

実際の支援に関しては、経験ある民間団体等との連携が不可欠です。男女共同参画局のＨＰにある相談窓口の団体等を参考としてください。

（小川真知子）

（＊1）ＡＶ業界は仕組みが複雑で、スカウト会社、プロダクション会社、メーカー・製造会社、パブリシティ会社がそれぞれ別になっているなど、業界に関する知識が必要。また、販売や広告のネット配信の仕組みも複雑なので、サーバーやプロバイダーの知識も必要である。

（＊２）２０１７年設立。ＡＶ業界の改善に向けた取り組みを行っている。https://avjinken.jp/

【相談窓口】

●ぱっぷす（ポルノ被害と性暴力を考える会） https://www.paps.jp/hotlinelist

●ライトハウス（ＮＰＯ法人人身取引被害者サポートセンター） https://lhj.jp/support

●内閣府男女共同参画局ＨＰ http://www.gender.go.jp/policy/no_violence/avjk/consultation.html

第7章

もっと「わがままに」は難しい?——超高齢期を生きる

「迷惑をかけたくない」というけれど

「子どもたち（他者）に迷惑をかけたくない」と高齢者、とくに女性は異口同音に言います。男性からあまり聞かれないのは、女性が人生の多くの時間、他者のケアに関わってきたからでしょう。そして、それはなかなか大変な時間だったのです。この場合、迷惑とは、大雑把に言って、老いて通常できていたことができなくなり、それらを他者にしてもらわなければいけない事態を表す言葉としておきましょう。

筆者の住む住居型有料老人ホームには、このような声があふれています。子ども、孫など親族のいる人と、初めから単身、やがて単身になった人などいろいろですが、それでも異口同音に「迷惑をかけたくない」と言います。高齢者の集まるスポーツクラブや絵画、俳句等の趣味の会でも想いは同じようです。

さて、迷惑をかけたくないというこの言葉ですが、深く考えてみれば、具体的にどういう意味なのかがよく見えません。願わくはピンピンコロリ、つまり苦しみもなく、あっという間に亡くなることを意味しているのでしょうか。それを目指すとしても、交通事故での即死や、心不全や脳いっ血などでの急死など、「偶然」を望むしかありません。

老後は、病院でも在宅でも、だれかの手が多かれ少なかれ必要になります。それが短期間であることを望んだとしても、だれもがピンピンコロリとはいかないし、かりに病床で死が間近だと感じるときにさえピンピンコロリは不可能で、それ自体が望みようもない場合もあるでしょう。とはいえ、作家の田辺聖子が何かの著書の中で、生まれてすぐは垂れ流しで、だれかの世話になり、老いて垂れ流し、だれかの世話になるしかないのだから、それでいいのではないか、というようなことを言っていますが、なかなかそういう覚悟はできないものなのでしょう。換言すれば、認知症になり、しかし身体的には元気で、身近な人たちに〝イヤがられながら〟生き延びる、あるいは身体的な病気で長く寝たきりといった状況になることは避けたいという意味ではないでしょうか。

精神的問題も含めた「老い支度」が重要

ここで注目したいのは、迷惑という限り、だれであれ、迷惑をかけるのは他者のはずです。ところが、この関係性が射程に入っておらず、ある意味で自分の思惑が中心になっています。人間は生きている限り、迷惑をかけたり、かけられたりするしかない、という言葉があります。「迷惑」、つまりだれかの手を借りない限り死ねない場合が多いとすれば、また迷惑にならないように「身を縮めて」生きるなら、このような言辞にいかなる意味があるのでしょうか。考えてみれば、これほど希望と実態の離れた言葉もないように思われます。

フェミニストカウンセリングが、これまであまり対応してこなかった年代に高齢者群がありま す。終活といえば、遺産や持っている物の処理や葬式や墓等に注目が行くようですが、高齢になった自分の、これまでの人生を振り返り生活をとらえ直してみることが必要かもしれないと思っています。この「老い支度」、とくに精神的問題も含めての支度が、何より重要だと思いますが、高齢者の多くは、「考えたくなんかない。面倒」「この年で自分のことなど考えても仕方がない」「その日その日が元気で楽しく暮らせればそれだけでいい」と言います。

しかし、考えておかなければならないことはたくさんあり、考えることが面倒などとは言っていられないはずです。もしも認知症になるかもしれないとしたら、何を考えておく？　倒れたらどうしたい？　だれが面倒を見る？　医療・治療に関して何を期待する？　安楽死や尊厳死は？等々――これらは当事者こそが考えなければならない事項です。

「人生100年」という超高齢社会へ

高齢者といえば、ごく最近まで80代からせいぜい90代初めぐらいまでしか射程に入っていませんでした。ところが昨今、それも急激に「人生１００年」といわれるようになっています。政府が音頭を取って健康教室を開いたり、年金だけでは不足するから65歳以降１００歳までは自己負担分２０００万円必要とか、物議をかもす発言も飛び出してきています。政府の意図は伸び続ける医療保険の支出を抑えたいとか、年金の受給期間を短くしたいといったことでしょうが、前者の問題の、予防医学と医療保険の抑制は必ずしも比例しないのは素人にもわかります。

確かに、筆者の老人ホームの入居者の相当高齢の人でも、とても元気のように見受けられます。

この超高齢者の実態に迫った本が出されました。春日キスヨ著『百まで生きる覚悟』（光文社新書）です。同書には100歳近い元気なお年寄りが登場します。

たとえば、2018年末現在、100歳間近の女性は、同居する娘婿の食事を欠かさずつくり続け、彼の生活費はまるごと面倒をみているとのこと。食堂を経営する孫のためにラッキョウの甘酢漬けをつくってあげる。編み物が好きで、身内の者につくったり、地域の公民館まつりに出品したりと、ものすごくエネルギッシュです。難聴も歩行時の困難もなんのその。多忙に暮らしている彼女の気力のもとは、「プラス思考に組み替える柔軟性」（前掲書44頁）と著者は書いています。「暮らしの中で作る身近な二者関係の中でのみ損得勘定をせず、自分の貢献を（略）時空を超えた相手に対する愛情や義務やお返しという形でとらえ」（47頁）プラス思考に変えていると言います。

同書に大いに共感するのは、紹介されている女性たちが「老い支度」について考えないという点です。以下に紹介する事例の女性たちも、同じように「（先のことは）考えていない」という言葉を口にします。ただ、この理由はよく考えてみたいと思います。筆者も十分に後期高齢者なので、「面倒だ」「だれかがどうにかしてくれる」という気持ちもわからないわけではありません。

若い頃もやはり将来を見通せなく、にもかかわらず就職活動ひとつとっても、何かと考えなければなりません。それこそアーデモナイコーデモナイと考え、同時に行動することが要請されます。「老い支度」と事情は同じはずです。しかし、何かが違うのです。考えても後先の短い「老い支度」や、「死に支度」という希望のない文脈にそれがあるからでしょうか。

さらに、若い時代と決定的に違うのは、心身ともに弱っていく事実は理解しても、その後の長くもない老いやその後の死の到来が具体的にほとんど見通せないことでしょうか。とくに、そのときどきに問題がなければ、また元気であればあるほど、自分は普通だと思っていればいるほど、です。少しでもそのヒントが与えられれば考えやすいのは事実ですが、それ以外はある種、想像力を使わなくてはならないことです。じつは、高齢者が抵抗を感じるのは、無意識であれ、この想像力の低下という現実に関連しているのではないかと思われます。あれこれに興味を持ったり、他者の感情に想いを寄せたりすること自体が想像力です。以下の事例2に登場するれいこさんは、モノの見方が狭くなったと自覚的でした。

春日キスヨは同書（226～228頁）で、制度的な問題点から次のような点も指摘します。高齢者の日常生活不安は「健康や病気のこと」「介護が必要になること」が高い割合を占めるのに支援現場では、「成り行き任せの高齢者が多い」という支援者の声が多く、事実「倒れたらどうされるおつもりですか」という質問にも、「成り行き任せ」「誰かがどうにかしてくれるだろう」という人が多かった。この一見相矛盾する反応は、制度上の問題が関わる、と。自己決定、自己選択という介護保険の利用は、「手続き・契約の開始の起点が、病気やケガで倒れ、サービス利用を必要とする時点にある。介護サービスが必要だが、申請に至らない高齢者の発見につながるアウトリーチ機能をケアマネージャーは持っていない」（228頁）。換言すれば、前もって老い先不安を拾ってくれる制度がない、そのため自分から自発的に考えなければならないが、それ自体が面倒というわけです。

次に紹介する事例では、高齢者の孤独感、寂寥感、空虚感などの心理面を焦点にしました。

事例1　食べたいときに食べ、寝たいときに寝る、今の暮らしも悪くない

ちよさん（94歳）は新潟で生まれ、結婚後東京に住みました。夫は中小企業のエンジニアでした。結婚以来ずっと専業主婦ですが、ときに内職で婦人服づくりを手伝ってきましたし、和服も手がけてきました。子どもの誕生は遅く、経済的にもやや大変でした。それでも夫が一生懸命に働いてくれたから文句を言うことはないし、生活は平穏に過ぎてきたと思うそうです。7年前に夫が死亡。その後8カ月間ぐらい一人暮らしをしていたそうですが、健康だったから、とくに問題はなかったと言います。

ただ、夫がまだ元気だった頃、香川に旅行に出かけた際、留守の間に泥棒に入られ貴重品を取られたことがあり、そのせいか、夫の死後、一人暮らしのちよさんを心配して息子さんは近くのマンションに来るよう誘います。ちよさんは、息子のいる都心には住みたくないので都内西部を探しました。今のこの住居型有料老人ホームなら安心ということで、息子もOKしてくれたそうです。

息子さん（57歳）との関係はさっぱりしていて、月1回の割で電話がきて、墓参りとか季節ご

との行事で会う程度です。デイケアセンター（週2回）の仲間で「毎日息子から電話がくる」と自慢そうに言う人がいますが、ちよさんは今のままでいいと思っています。「寂しいとは思いません。ホームだと安心ですね。ここは朝10時頃までに入居者が下のボードにマグネットを付けることになっていて、それがないとスタッフがすぐに調べてくれるから、孤独死の心配はありませんしね。ただ、集まりに出ていくのもだんだんつらくなってきて、当初お習字と編み物のサークルに入っていましたが、今はやっていません」。それでも、週2回のデイサービスは、体操をしたり皆とのおしゃべりなどが楽しいそうです。「寝たいときに寝て、起きたいときに起き、食べたいときに食べて、好きなように暮らしているから、ここでの生活も悪くないと思っています」。これがちよさんにとっての自由、たぶんやっと手に入れた自由なのでしょう。

結局、「ホームにいても個室なので、ドアをパタンと閉めたら独りですが、以前のように一戸建てに住んでいても孤独は孤独」と語るちよさんは、ＴＶはあまり見ないで、ぼんやりしていることが多いそうです。寂しいかと聞かれても、寂しさ自体よくわからないから寂しいと思わないと、ちよさん。友人はあまりいないそうで、「前に猫を連れて毎日来ていた人がいたんですが、猫が亡くなったら、ぱったり来なくなりました。猫を私の部屋で遊ばせたかっただけだった」、と思っているそうで、なぜ来なくなったのかたずねることもしないと言います。

「老化はあっという間ですよ。きょうは何日で何曜日かを忘れてしまう」。だから、携帯をカレンダー代わりに使っているちよさんがいつも考えていることは、「自分がどうなっていくのかなぁ」ということ。「死は漠然としたものだから、怖いとか怖くないとかいうよりも、そこまで考えていない」と、ちよさんは語ります。終活についても、「無宗教だから、魂とかもないと思っていて、死んだら無。最後はやはり病院で亡くなるでしょうが、延命治療はイヤですね。葬儀とかは息子がやってくれるでしょう。まあ、こんなものだろうと思っています」

■「こんなもんだろうと思っている」と淡々と穏やかに

ちよさんの口癖は、「こんなもんだろうと思っている」。その口癖のように、現状維持でいい、あるいは欲張りでない典型的なタイプのようです。寂しさはわからないと言うし、息子さんとの関係も淡々としているように見えます。

じつは、ちよさんは卵巣がんの手術をし、その後、今から3年前に他の女性器官に転移していると言われたそうです。しかし、「治療はしたくない、このまま体の衰えとともにやっていきたい」と伝えたら、医師は「それでいいのでは」と賛成してくれたとのこと。以降、その病院は受診していないそうですが、行かなければと思いながら、「なんか面倒なんです」と、ちよさん。とくに悪化した状態でもないらしく、それでもちょっとした処置は毎日しなければならない。また、その病院ではなくて、近くのクリニックでいくつか薬を処方され飲んでいるが、何の病気の薬か、どこが悪いのか、病名も薬の名前も知らない、と言います。

ただ、老人ホームにいて、安否確認のマグネットが付いていていないのを見たスタッフによって急死とわかると、警察が入って検死となり、ときには解剖という事態にもなりかねない。そうなると面倒なことになるかもしれないから、病院を受診しておいたほうがいい。さらに、他のクリニックで飲んでいる薬は何のためか、病名ぐらいは知っておいたほうがいい。このようなことを伝えると、ちょっと真剣な表情になりながらも、「高齢者になれば、だれもかれも何かの薬を飲んでいるだろうと思って……」と、ちよさん。

現在、少し腰が曲がり、難聴気味のちよさんですが、立ち居振る舞いは自然で、部屋の中も彼女なりの整理はできているようです。ヤケ気味というのではまったくなく、受け答えもしっかりしています。ときに微笑みながら、穏やかな話しぶり。あまりにも淡々とした生き方のように見えます。ただ、ずっとこのようであったのかどうかはわかりません。

流れている時間の質がリアルな生活空間にいる人ではないよう

ちよさんを見ていると、筆者の母（89歳）の亡くなる1カ月ぐらい前のことを思い出します。病院から一時帰宅した母は車椅子でしたが、見当識等はしっかりしており、葬式費用やら、自分の残った現金等を見せてほしい、と言います。同居していた義妹が、母名義の通帳や葬式予定の斎場の資料を目前に広げました。ところが、ちょっと見ただけで質問も何もなく、あとは放ったらかし。義妹が、「もうしまってもいいの」と聞いても生返事。母の没後、思い返すと、あのとき流れていた空気はほんの少し異次元というか、リアルな生活空間にいる人のようではなかったなぁと思ったものです。

ちよさんに流れている時間の質は、そのときの母がまとっていた雰囲気と似ているような気がします。ニヒリズムなどという言葉の届かない、自分への興味のなさにおいて。10歳余年下の私には計り知れない時間なのかもしれないと思ったことでした。ちよさんに、「他者をあまり気にしないで、わがままに生きたら」と言うことは、たいして意味がないように思われます。彼女はすでに今、「好きなときに起きて、好きなときに食べ」自由に暮らしていて、それを「わがままにしている」と言うでしょうから。

事例2 「できることは自分でやりたい」と「もう逝きたい」という思い

都心の介護付き有料老人ホームに入居して4年のれいこさん（84歳）はパーキンソン病を患っています。15年前に発症し、腰は曲がっていますが、車の多くない時刻に歩行器を使ってホームの周辺をゆっくり歩くことはできます。夕食は、ホームの食堂で食べたり弁当にしてもらうこともときどきあるものの、基本的に自分でつくっています。週2回午後のみデイケアセンターに行き、眼科や歯科医院にも通っています。「これ以上生きていたくないと思いつつ、どこかで生きていたいというのがあるのかなぁ。死にたいという思いは70%ぐらいある。ちょっとでも気になることがあると、その気持ちが大きくなってもう逝《い》きたいと思う」と、れいこさんは言います。

3年前に亡くなった夫は亭主関白。「結構年上で、私を従わせたかったのではないか。むしろ、そうしたかったから、ずいぶん年下の私を選んだのかな」と、亡き夫を語ります。自分では身の回りのことが何もできない夫だったため、友人との旅行も行かしてもらえなかったそうです。しかし、「夫も自分が思ったような人生だったかどうかはわからない」と言います。ホームに入居したとき、夫はもう血液のがんを患っていて、「最後は何も食べられなくとても悲惨でした。苦しむならもう逝ったほうがいいとさえ思ったことも」と語るれいこさんは、「夫が死んだ後も、病気や治療のことなどもっといろいろ調べられたらよかったという罪悪感が今もあります」

▩夫は子どもと一緒に暮したがっていたけど自分はイヤだった

これまでパートなどで少し働いたこともあり、本人はもっと働きたかったけれど、夫が反対したとのこと。息子さんにも、「世の中のことが何もわかっていない」と言われているそうです。子どもは、現在60歳の息子さんと58歳の娘さん。「夫は子どもと一緒に暮らしたがっていましたが、私は子どもの世話になりたくないと思ってました。周囲で、子どもとの関係が良くない関わりをたくさん見てきたから」。それでも、「私にすれば、もうちょっとやってくれてもいいと思うことはあるけれど、頼んでまでやってもらいたくはない。今思えば、子どもに手をかけすぎたかもしれません。よく周りから放っておけと言われたけれど。夫と息子との関係が良くなかったから、いつも夫に対して息子をかばってきました」。それなのに、「夫には息子と暮らすという幻想のようなものがあったのでしょうか」と振り返るれいこさんです。

「担当の先生から転んだらおしまいとよく言われるから、気を付けているけれど。怖いです」と病気の心配をしながら、「でも、そうなれば、もういいや」と、れいこさん。「最近、体が自由に動かないから、行動範囲にも関係して考え方が狭くなっている」と思うそうです。しかし、クイズやパズルをしたり、わからない言葉があれば調べることも。「ホームでの居心地は悪くないかな。いろいろな人がいるけれど、あまり自分を主張しないで、受け入れてしまうタイプだから、自分が引けばまるく治まるかな」と思っているそうです。

■今はこの病気と一緒に生きている

持病のパーキンソン病についても、「前より元気になった」とか、「元気そう」と言われることがあるけれど、「本当は今がいちばんきついから、外からだけ見てそういわれるとムッとします」。パーキンソン病のことをもっと知ってもらいたいし、病気を抱えた人が何を思っているか知ってほしいと、れいこさんは感じています。「まだ病気を受け入れていないのでしょう。自分でそう思います。いちばん大変なのは洗濯物を干すこと。頑張ればやれるから、やろうとするのですがつらい。なるべく自分でやったほうがいいからと思ってやるのですが。編み物もまったくできなくなったし、服の着替えに30分以上かかるんです」。現在、要介護1のれいこさんは、「夫がいたときは、症状もまだ軽かった。それに、だれかが一緒にいたほうがいいのかなぁ」と思うこともあるそうです。

ある人に、すべての困難の原因が病気であると思わないほうがいいのでは、と言われショックだったと語るれいこさん。「病気だからとあまり大事にされすぎるのもイヤだけれど、あの言葉には突き放されたように感じて……。塩梅《あんばい》が難しいんですね。でも、私から病気を取ったら私でなくなります。今はこの病気と一緒に生きているから」。それでも、動けなくなったらどうしようと思うそうです。「パーキンソン病は、それ自体では死にません。合併症で死ぬといわれていますけど、何で死ぬかはわからない」。というのも、去年の夏、腸閉塞の手術をしたとき、手遅れになるかどうかの瀬戸際だったそうです。そう聞いても、自分はあっけらかんとしていて、あまり深刻には考えなかったと言うれいこさんは、尊厳死協会に入っていて、「たくさんの管につながれたスパゲティ状態はイヤとか、ちゃんと書いてあります。私の人生なのだから、人のせいにしないようにと考えています」と語ります。

「在ること(being)」の価値を考えたい

れいこさんは、パーキンソン病を抱えながら、とても建設的に暮らしているように見えます。室内の物干しバーに洗濯物を吊るすには背丈が全然足りませんが、それでも何とか自分でやろうとしています。その姿と、「70%は逝きたい」という言葉とに落差があるように思われますが、どちらも彼女なのでしょう。わが国は「すること(doing)」に大きな価値があり、「在ること(being)」にあまり価値を置かない文化で、そのことを残念に思っています。ある種宗教的な気持ちにでもならない限り、「どう在ればよいか」を会得すること自体が、あまりにも困難だからでしょう。

以上の2人は、施設での生活ですから毎日の安否確認がなされているので、死後数日たって発見というようなことはないはずです。知る限りすべての老人ホームでは、書面で各自「老い支度」や「死に支度」も提出するようにしているはずですから、提出していれば十分・不十分は問わず意向は伝わっているでしょう。

事例3　寂しさはしのぎようがあるが、虚しさは耐えるしかない

ゆみこさん（80歳）は、小学校の教員を60歳で退職するまで勤めてきました。その後は、ボランティアで学習の遅れている子に教えたり、地域の子ども会やお祭り等に関わり、それなりに多忙な暮らしを送ってきたそうです。趣味のコーラスのグループに入り、仲間とカラオケに行ったりしつつ、とくに身体的な問題もなく、物忘れがひどいのを除けば楽しくやってきたとのこと。結婚は避けてきたつもりはないけれど、「とくに熱心にも願わず、機会がなかったとしか言いようがないですね。好きだと思うような人もいませんでした」と、ゆみこさん。

5年前、四人きょうだい（ゆみこさんは長子）の中でいちばん仲良しだった二番目の妹を突然、交通事故で失い、涙の乾く間もなくカラオケ仲間の一人をがんで亡くします。そうこうしているうちに、関わっていた子ども会内部で、ある行事をめぐって意見の対立が起き、ゆみこさんは少数派のボス的存在とみなされます。これは彼女にとってとても不本意なことでした。「私をボス

に仕立てて、反目をあおりたい人がいたんでしょう。何のためかはわかりません。私が嫌いなだけかも」。そのうち、「自分の周りは全部敵だらけ」という気持ちになっていったと言います。「これって、妄想と思われるかもしれませんが違います。違うというのは自分でよくわかっています。そんなはずはないって言い聞かせたら、そうだよねえ、と思えるから。でも、すぐに元に戻ってしまうんです」と、ゆみこさん。

ここ数年、家事や人との付き合いがとても面倒になってきて、「元気がない」「落ち込んでいるの?」と聞かれることも増えてきました。そう言われると、「ハッとして、落ち込んでいるんだと自分でも思うそうです。「これまで簡単にしてきた、掃除、洗濯、買い物などが面倒でやる気がなくなってきたので、自分でも落ち込んでいるとは感じています」と、ゆみこさん。

最近は、「『周りが全部敵』感はなくなって、むしろ寂しい、虚《むな》しい。何で生きているのか、私など塵芥《ちりあくた》のようなものだ」と、思ってしまうことが苦しいと訴えます。「夜中にふと目覚めて眠れなくなったら、ずっとそればかり考えていてとてもつらい。もう死んでしまったほうがましと考えてしまうんです。夜間はよくないですね。悪いほうに悪いほうにと考えが行ってしまう。外が少し明るくなってくると、少しホッとするのと同時に、また一日が始まるのかという思いもあります」

■一人でずーっと終わりのない道を行くような寂寥感

ゆみこさんの落ち込みが見られるようになったのは、妹さんや友人の死と時期的には重なるようです。「ショックはショックでしたが、70代も半ばになれば、だれしもいつ何が起きるかわからない。妹とは仲良しでしたし、友人とも気心が通じ合っていましたが、あまり人にベッタリするタイプじゃないので、こんな気分におそわれることが自分でもわかりません。それも急に」。ある日起きたら、霞がかかっているように、気分がぼんやりしていたと言うゆみこさん。

「究極、人間は一人だとか、孤独力とか悩む力とか、偉い人がいろいろ本にも書いていますが、その人たちは忙しくしていて、求められて生きているのだから、書いている世界と自分は別世界にいるじゃないですか。スローライフという人が、スローに生きていないのだから、矛盾もいいところですよね」と。ゆみこさんは教員をしていただけあって、語彙《ごい》が豊富だし、批判精神に富んでいます。また、ある種独特の表現をします。

「虚しい、寂しいに答えがないのはわかっているつもりです。あなた（筆者）も、よくわかるし自分も耐えている部分があると言われるけれど、それは違う。一緒じゃない。あなたはこうやってモノを書いているし、何かをやっている気力があるじゃないですか。だから、わかると言ってくれるのは、ありがたいけれど違うんですよ。違うだけじゃなく、私は、そこからどこにも行きようがない、というか独りぼっちなわけです。確か、石牟礼道子さんの本に、子どもの頃、自分の住んでいる海岸をずーっと行ったらどこへ行く？と聞く。大人がまだ先がずーっとある、と答えた。行けども行けども終わりがないって言われて、子どもなりにとても困惑するという話があるんですね。その感じなんです。終わりがないって、気が変になりそうですよ。一人でずーっと終わりのない道を行くんですよね」と、ゆみこさんは語ります。

いかにつらくても、他人に代わってもらえないのは事実です。「寂しさとか虚しさそのものを、自分でじっと抱え込んでいるしかない」と言うゆみこさんは、じっと抱え込んでいること自体がつらいのだと訴えます。「皆、孤独だよね、そうだよねぇと言っても、私とその人と孤独感は同じじゃないでしょう？　かりに同じだとしても、それからどうなります？　傷をなめ合ってもしようがないし……」

感情は言葉の説明を超えるので、同じなのか違うのか、どこがどう同じなのか違うのか、どこまでいっても付き合わせて納得することは難しいのでは、と伝えたことでした。

「虚しさはペットボトルを飲んだら空っぽになる、あの感じ」

ゆみこさんは、某生活サポートセンターから紹介された女性です。ただ、筆者はカウンセリングをしているつもりはなく、同じような年代で感じることも似たようなところがあるだろうと思って話してきました。無理をしているのではと思うくらい活発に話してくれましたが、うつ状態の人が医師やカウンセラーの前で頑張って明るく振る舞うことはよく見られますから、それがいつもの姿かどうかはわかりません。

ゆみこさんは、何でも理論化したがるというか言語化したがる傾向があるようです。また、質問に対して、その文脈内で比喩を使った反応をされます。たとえば、「虚しいということについて？」と聞けば、これはなかなか抽象的な問いですが、「心が空っぽの感じ。ペットボトルを飲んでしまえば空っぽになる、あの感じ」という具合です。最初の数回は、つらい、寂しい、空虚だという、そのときどきの情緒についての話でしたが、そのうち、感じることとわかるということは何だろうかというようなところに行きつき興味深かったので、取り上げてみました。

「わがままに生きる」ことが難しい高齢者たち

1980年に国連は「高齢化に関する世界会議」を開催しました。Successful Aging（有意義な老い方）とか、Productive Aging（生産的な老い方）などがさかんに言われました。たんに年を重ね、やがては死に至るというクノロジカル・エイジではなく、高齢者のより良い老い方についておおいに議論がされました。ベティ・フリーダンは、〝The Fountain of Age〟『老いの泉』（山本博子・寺澤恵美子訳、西村書店）を書いて、反男性主義、反生産中心主義の女性高齢者の人間的な能力やサービス力を生かそうと啓蒙しています。後期高齢者の生産的なヴァイタリティを啓発しようといったたぐいの著作もたくさんあります。

現在、わが国でも、労働人口の不足で高齢者の再雇用がいわれはじめており、嬉々として働く高齢者がメディアで報道されています。かつてのご隠居などとは違った世界が広がっていることは事実でしょう。いつかは辞めることになるとしても、働くことに生きる意味があった、と言うことはできます。

この章のテーマは「わがままに生きよう」です。それは、とくに高齢女性の多くが控えめに、他者優先に暮らしている中で、もう自分を中心に生きてもいいのではという提案のつもりでした。わずか数人の面談ですが、「わがままに生きる」ことの大変さというか、それが彼女たちの実態とはるかに遠い言葉のように思われました。事例3のゆみこさんは「生きていても意味がない」とはっきり言いましたし、事例1のちよさんの自身への興味の欠如、事例2のれいこさんのちょっとつまずくことがあれば、すぐ逝きたいと思う心情からも、同様な思いがうかがえます。

「わがまま」が、わが国の高齢者にとって、いかに振る舞いにくい行為かは、たとえば、先に紹介した『百まで生きる覚悟』に登場する元気なお年寄りにとってさえ、そうかもしれません。「楽しみ」も、ある意味難しいことです。考えてみれば、「楽しい」とはどういう精神内容でしょうか。カルチャー講座などをめぐって熱中しているように見える人たちも、幾人かは「時間つぶしですよ」と言います。しないよりはしているほうがよいという程度でしょうか。

考えてみれば、振り込め詐欺にあう高齢者たちにとって、嘘の子どもや孫の困窮を助けたくなるのは、子どもや孫が迷惑をかける（と言われる）相手への配慮があるからではないでしょうか。換言すれば自分が世界の真ん中にいない。だれよりも何よりもまず他者がいて、自分は呼ばれたときに登場する。しかも相手は助けを求めている。これに意味があるのかもしれません。

もちろん、もうイヤなことはしない、残りの時間を自分の好きなように使いたいという高齢者もいるでしょう。ただ、ここに登場した女性たちは、そのように生きていないように見えます。「そうできればいいでしょうねえ」とおっしゃりそうです。

あらゆる「生」は生きている限り意味はある

つまりは「生きる意味」です。私たちの文化は、何かをすれば、すぐに「なぜ?」「動機は?」「結果はどう期待する?」等々が問われます。過日、俳優の杉良太郎さんが、75歳で車の免許証を返上したと報じられました。「高齢者に返上について考えてもらいたかった」そうです。つまり、やっていることの意味というか効果というか、とくにメディアはこの回答がないと話が進まないように見えます。答えるほうも、「元気を出してもらいたい」「役に立ちたい」、アスリートは「感動を与えたい」などと言います。「生きる=役に立つ」という意味につながっていきそうな、筆者には、もたれ合ったやり取りのように聞こえます。

ナチの強制収容所に入れられて、生き延びた精神科医ヴィクトール・E・フランクルは直截にそれを問います。ナチの強制収容所から生還された経験の持ち主と、とりあえず「平穏」な(としておきましょう)日本にいる私たちを並列に論じることに無理はありますが、フランクルの美しい言葉を反芻《はんすう》してみるのもいいのではないでしょうか。

悲惨・過酷な強制収容所生活の中で「わたしたちは生きる意味というような素朴な問題からす

でに遠く、なにか創造的なことをしてなんらかの目的を実現させようなどとは一切考えていなかった。わたしたちにとって生きる意味とは、死もまた含む全体としての生きることの意味であって『生きること』の意味だけに限定されない、苦しむことと死ぬことの意味にも裏づけされた、総体的な生きることとの意味だった」（『夜と霧（新版）』ヴィクトール・E・フランクル著、池田香代子訳、みすず書房／131頁）。つまり「おおかたの被収容者の心を悩ませていたのは、収容所を生きしのぐことができるか、という問いだった。生きしのげないのなら、この苦しみのすべてに意味がない、というわけだ。しかし、わたしの心をさいなんでいたのは、これとは逆の問いだった。すなわち、わたしたちを取り巻くこのすべての苦しみや死には意味があるのか、という問いだ。もしも無意味だとしたら、収容所を生きしのぐことに意味などない。抜け出せるかどうかに意味がある生など、その意味は偶然の僥倖《ぎょうこう》に左右されるわけで、そんな生はもともと生きるに値しないのだから」（113頁）

ここでフランクルは「生きること」を、他者の悲惨な死にも心をいっさい動かさず、自己の苦しみや死も含めた、生きることの総体を他者に操作されたようなこの生はどうでもよい、と言っています。そして「わたしが恐れるのはただひとつ、わたしがわたしの苦悩に値しない人間になることだ」と言ったドストエフスキーを引用して以下のように結論しています。「具体的な運命が人間を苦しめるなら、人はこの苦しみを責務と、たった一度だけ課される責務としなければならないだろう。人間は苦しみと向きあい、この苦しみに満ちた運命とともに全宇宙にたった一度、そしてふたつとないあり方で存在しているのだという意識にまで到達しなければならない」（131頁）。極端に言い換えれば、苦しみを苦しめ、と。さらに「最期の瞬間までだれも奪うことのできない人間の精神的自由は、彼が最期の息をひきとるまで、その生を意味深いものにした。なぜなら、仕事に真価を発揮できる行動的な生や、安逸な生や、美や芸術や自然をたっぷりと味わう機会に恵まれた生だけに意味があるのではないからだ。そうではなく、強制収容所での生のような、仕事に真価を発揮する機会も、体験に値すべきことを体験する機会も皆無の生にも、意味はあるのだ」（112頁）。すごい言葉です。

つまり、あらゆる「生」は、生としての存在がある限り、「生きている」限り意味があるということでしょう。苦しみながら生きているとしても、その「意味内容」を問うことも無意味のように思われます。もちろん、私たちはこのような言葉のもとで生きているわけではありません。もっとゆるやかな、高齢者にとっては、ある意味で生と死の峻別《しゅんべつ》のないような時間を生きています。フランクルの死生観は、あらゆる生の自由や意思を極限まで剥奪され、生存ギリギリを生きる状況の中においてこそ、特別な意味を持つようにも思われます。そして被収容者になるまでは、自由な生を、その楽しみを生きてきた経験の対比においてはなおさらです。

さて、わがままに生きよう、もっと自分を大事にしようと唱えながら、一方で絵画ミレーの「晩鐘」にこころ惹かれる筆者がいることも事実です。ご存じのように、背後は落日の余韻が残る薄明かり。積み上げられた枯草か収穫の作物か、その前に静かに立って、祈りを捧げる男女の姿。

左手の男の背後に大きなフォーク（農具）が突き刺さっている。何を祈っているのでしょうか。察するに、一日の労働を無事に終えた感謝と明日に続く日々の安寧かもしれません。晩鐘と題されているように、どこからかかすかに鐘の音が聞こえてきそうです。この絵が差し出しているたまらない安らぎというか、もう言い争わなくていいのではないか、求めなくてもいいのではないか、不安がらなくても怖がらなくてもいいのではないか、といったメッセージを受け取りたい気分を感じるのは筆者だけでしょうか。

（河野貴代美）

【参考図書】
●春日キスヨ『百まで生きる覚悟―超長寿時代の「身じまい」の作法』光文社新書　2018
●ヴィクトール・E・フランクル著、池田香代子訳『夜と霧』（新版）みすず書房　2002

第8章

女同士の育ち合い——友情について

自己形成のためのツールがなかった思春期

現在80歳の筆者が思春期の頃は、地方都市に暮らしており、たいして教養のある親でもなく、自分を育てる書物が何もありませんでした。役割モデル的な女性も周囲にいませんでした。筆者は子どもの頃から、自分とは何者で、何がしたいのか、人はなぜ生きているのかといった早熟な疑問にとらわれていました。高校生になって図書館で読みあさったのは、いわゆる教養小説といわれる、ゲーテ、ヘルマン・ヘッセ、そしてトーマス・マンなどのドイツ系の小説でした。これらはドイツ語でBildungsroman（ビルドゥングスロマーン）と呼ばれ、主人公がさまざまな体験を通して内面的に成長していく過程を描く小説です。自己形成小説、成長小説とも訳されます。ただ、これらは全部男の子をモデルとした成長物語で、読みながらはっきりしない違和感があったことを覚えています。

筆者の生まれる前1924〜26年にかけて、宮本百合子の『伸子』が発表され、ずっと後になって読む機会があり、本書はなかなかのフェミニスト小説だということがわかりました。伸子の自我の目覚めや、夫との関係のうまく言葉にならないような違和感などにはおおいに共感したものです。ほとんど著者を投影した自伝小説である主人公伸子は、夫と別れたあと、実在した故湯浅芳子がモデルとなった素子と暮らします。二人の関係性にはいろいろあったことがのちの著作『二つの庭』や『道標』に引き続がれますが、共に女性として成長を目指し、また関係を通して確かに成長し合ったことは疑えません。湯浅芳子はロシア文学の日本語翻訳に貴重な役割を果たしました。その他、佐多稲子もフェミニズム系の女性作家ですが、今は置きましょう。

『ののはな通信』との出合い

筆者はここで、女性作家の小説を挙げ読書感想を書きたいのではなく、ひとえに筆者の世代は、女性が自己を育てるためのツールがなかった（ない）ことを主張したいだけです。

しかし過日、三浦しをん著『ののはな通信』（角川書店）を読んで驚愕しました。私がこれまで求めてきた女性同士の友情と成長が主題とされていたからです。日本において初めてと思われる、女性版ビルドゥングスロマーンが書かれたのです。女同士の愛情にも増して、愛情を糧に成長し合う二人の関係に感動しました。

ののとはなは、高校時代からお互いの愛情を確認し、１９８４年から手紙やメモで、２０１０年からはEメールで、40代になるまでの30年近い間やり取りを続けます。内容の詳細は同書に託しますが、二人の通信を通して、お互いに起こったことや社会動向が語られます。長じたのちのお互いのそのときどきのパートナー事情も含めて。終末近く、はなは外国に赴任した外交官の夫とも別れ、日本に帰国しないまま勝手に難民援助のために別の国に行ってしまい、ののは彼女の消息を失います。ののは、はなの消息をつかめないまま、彼女が読むかどうかわからない手紙を書き続け、２０１１年の東日本大震災の直後に最後の手紙を書き終えます。

ののは最後の手紙で、はなを愛し、彼女に愛されるにふさわしい人間になるよう願ってきたこと、これからもだれかを愛し、愛されるにふさわしい人間になるべく努力をするが、その際のしるべとなるのが、はなの姿だと書きます。「……だれを愛しても、だれと暮らしても、私の心には常にあなたの存在があって、私に寄り添い、見ているのです。私の行い、私の言葉を。それを裏切りだと言うひとは、誰もいないでしょう」（447頁）

最後をこうくくります。「あなたは私を『ひと』にし、『ひと』として生かしてくれました。あなたはながい年月をかけて、私に愛を、つまり考え実践しつづけることを、教えてくれたのです」（447頁）「私に魂というものがもしあるのならば、それはあなたのものです。渡り鳥が海を越えて必ず生まれ故郷に帰るように、私の鼓動が止まるとき、魂はあなたのもとへと還るでしょう。あなたが形づくり、息吹を与えてくれたものだからです。／ありがとう、はな」（448頁）

著者はレズビアン小説であるという明言を避けているようですが、ののはレズビアンのようだし、はなは男性外交官と結婚して海外に駐在し子どもはいません。また、彼女は多くの女性とは違って、婚姻関係にしがみついているようにも見えません。少なくとも「婚姻関係」が彼女のアイデンティティのもとではないでしょう。その彼女に、自分を育ててくれたと言うのの。この二人の愛情・友情関係に関しては、セクシュアリティやジェンダーを意識しなくていいのかもしれません。二人はそれを気にしていませんし、確かなことは二人の間にあった愛情です。お互いにパートナーがいた時期もあったのに、友情が変わらなく継続したことが奇跡的だといえます。現実的に考えるなら、二人が同居しなかったことが継続の大きな理由かもしれません。

現代では、ＳＮＳでつながる女性も若者も表面的関係に終始し、関係自体が成立しているのかどうかも不明とか。友情ではなくて、ママカースト、ＰＴＡ、女性同士の「ドロドロした関係」等は明らかに現存しているでしょう。ただ、本書ではもう少し建設的に考えられる関係に目を向けたいと思います。なぜならそれは女性同士が手をつなぎ合える友情・成熟関係に結び付いていくからです。言うまでもなく、これは高齢化しても友人同士で助け合う希望のある関係性づくりにもつながっていくでしょう。

シスターフッドで女性同士が成長していく

フェミニズムの唱えた「シスターフッド」という言葉をご存じでしょうか。女性の解放、ジェンダー規範からの脱出などと共に、フェミニズムの造語で、重要なスローガンのひとつです。フランス革命（１７８９年）の「自由・平等・友愛」の「友愛」がもとになっていて、英語でフラタニティ（ブラザーフッドとも）といいます。友愛となれば、性差はないようですが、フラタニティもブラザーフッドも男性同士のつながりを表現しています。女性は可視化されてすらいません。そこでフェミニズムは、男性によって抑圧・分断された女性たちが、造語であるシスターフッドのもと、反差別・反暴力に立ち向かおうとながしたのです。筆者はこの言葉をあまりにも多用してきたかもしれませんが、してもしつくすことはないと思っています。

では、母親は同性である娘の成長を手助けしてくれたでしょうか。フェミニズムの視点から、娘があらためて母を見たとき、彼女は自分に何をしてくれたのかという疑問にとらわれます。母親は家父長制度の中で概して自己実現のできなかった存在であり、むしろ娘を制度に従わせるように教育したという場合がほとんどです。母親は役割モデルになるどころか、娘を抑圧する側に回っていました。筆者の経験から言っても、抑圧はしなかったし、十分に愛してくれましたが、「あんな人になりたい」とはとても思えない実母でした。周りにもロールモデルとして「あんな人になりたい」というような人はどこにもいませんでした。ここにフェミニズムの主題、「母 - 娘葛藤」が芽生えます。母親から離れるために自らに強いた「母殺し」は、ひるがえって「自己嫌悪」を生みます。なぜなら「母殺し」は徹底できないからです（第5章参照）。その結果、「自信のない」女性が生み出されます。短絡的に書かせてもらうならば、自信のない女性が多いのはそのせいもあると筆者は考えています。では、娘はどうすればいいのでしょう。

そこでシスターフッドを重視するのは、『ののはな通信』のように女性同士の成長が必須だと常に思っているからです。男性が女性を愛や友情を持って育てることは不可能だとは思いませんが、とくにわが国のような文化や教育のもとで考えられるでしょうか。異性間の愛情関係が女性の自立を阻みさえしても、自立をうながすケースはあまり聞きません。

女性には友情は育たないとも言われてきました。学校を出たら、あるいは結婚したら、引っ越したら、職場を変えたら、友情が途絶えたという話はよく聞きます。つまりは異性愛制度に女性の生き方が引っ張られてしまうのです。だからこそフェミニズムは、シスターフッドのもと女性同士で一致団結しようではないか、と呼びかけたのです。この言葉を死語にしてはならないでしょう。シスターフッドを次世代に送り続け、あとに続く女性たちの良き役割モデルとなり、さらにはリーダーシップを育んでいく土壌にしていきたいものです。

事例1 学生時代の親友関係が卒業後は疎遠——消滅バージョン

よしえさんは、ずっと仕事をしてきた50代後半のキャリア・ウーマンです。彼女は東京での大学生時代に、同級生のきょうこさんにめぐり合いました。きょうこさん宅は開業医をしていて、彼女の好きなジャズレコードがたくさんあり、訪れると食べたことのないお菓子や飲み物が出されたと、地方出身のよしえさんは語ります。「彼女のどこがよかったのかと聞かれたらうまく言えないのですが、とにかくオシャレで、小説家の好みもよく似ていて、作家の講演会に行くとなればいつも誘うのはきょうこさんでした」。

未知の世界に誘ってくれたきょうこさんをよしえさんは大好きでした。自分たちもお互いを親友だと思っていたし、忌憚《きたん》なく何でも話し合えた仲でした。とくによく話し合ったのは、音楽や小説や絵についてで、周りの級友がうわさ話や異性の話に熱中しているときも、二人は違う文化圏にいたようです。「ケンカなどしたことがないし、インテリを気取っていたのでしょう。その雰囲気を彼女が上手につくってくれたと思う」と、よしえさんは当時のことを語ります。

実家の経済的理由もあり、よしえさんは卒業後すぐに職に就きます。一方、きょうこさんは卒業後何をするのか、これまでの積極性とは見違えるように曖昧なままでした。しかし、よしえさんは卒業後も親友関係が続くことを信じていました。きょうこさんは卒業後、家の医院を手伝うことになりました。ここで大きく環境が違ってきます。

新入社員のよしえさんは仕事が忙しく、なかなかきょうこさんに会う機会がつくれませんでした。それでもたまに誘うと、気持ちよく会ってくれます。ただ、話す内容が変わってきました。これまで聞いたことのない医院の事情や同級生の様子、だれそれの結婚話等です。あまりにも違ってしまったように見えるきょうこさんに、よしえさんは戸惑うばかり。「どうしたの?」と聞いてみたいけれど、そのような会話が通じるかどうかも不明です。会話が成立するには、大学時代の友情関係や、それが自己形成の重要な時期だったことが共有されていなければなりません。よしえさんには、その自信がなかったのでしょう。いずれにしても二人の関係はだんだん疎遠になっていきました。残念ながらこれは、『ののはな通信』の消滅バージョンです。

よしえさんには何ができたでしょうか。映画監督・山戸結希さんの次のような言葉が浮かびます。「少女期は意思決定をする十全な力が与えられていないのにもかかわらず、他者から求められる引力だけは強い」(2019年2月9日付「朝日新聞」Be)。消滅バージョンにしても、よしえさんにとって、友情の原型のようなものを得て、それを糧に成長してゆくという希望を持ちたいと思います。

事例2　亡くなるまで続いた従妹同士の友情

ゆきこさん（68歳）は、5年前に心臓発作で亡くなった従妹のみほさん（当時61歳）と親友でした。ゆきこさんの父の妹がみほさんの母。みほさんの母親は彼女が高校生のときに亡くなったので、家も近かったゆきこさんの家によく遊びに来ていました。みほさんは末っ子で、上には2人の姉たちがいたのですが、ゆきこさんと一緒にいることのほうが楽しかったようです。わずか1歳半違いですが、ゆきこさんは面倒見のよい姉貴タイプ、みほさんは末っ子の甘えん坊タイプ。二人を強く結んでいたのは、「血縁より相性の良さ」だったとゆきこさん。ゆきこさんが何かとみほさんの面倒をみていましたが、みほさんもただ甘えるだけでなく、ゆきこさんを気遣っていました。関係のバランスが良かったようです。誘い合ってコンサートや映画に行くこともあり、ゆきこさんの父も二人に気前よく小遣いをくれました。

その後、ゆきこさんは女子大を、みほさんは短大を卒業し、それぞれ数年働いたのち、みほさんが先に結婚し専業主婦になりました。一方、ゆきこさんは結婚したあとも仕事は続けました。みほさんが結婚退職することに、ゆきこさんは異を唱えませんでした。「本人がそうしたいなら」と思ったようですし、彼女は結婚生活と仕事をうまく両立できないのではないかとの懸念もあったようです。結婚後は学生時代のように頻繁な行き来はできませんでしたが、みほさんは何かあればすぐゆきこさんに電話をかけ相談してきます。「私は結構気が強く自己主張もしますが、みほは気が弱くとてもやさしい、ちょっと人の後ろに隠れているようなところがありました。そういう正反対のところがうまくいった理由かも。私に対して批判的なことは何も言わず、助言や忠告をとても素直に聞き、それに対してとても感謝する。お互いに何でも話すので秘密がなくてツーカーの仲。セックスのことさえ話しました。そんなこと私に言わないで、夫に言いなさいよ、なんてこともよくあった」と、ゆきこさんは笑います。

みほさんに心臓の病気が見つかったのは、40代初め。手術をしてことなきを得ましたが、そのとき、入院や手術に付き添っていちばん面倒をみたのはゆきこさんでした。ゆきこさんも子どもたちがもう手のかからない年齢になっていたからできたと言います。みほさんの夫や子どもたちもいましたが、彼女がゆきこさんを頼りにしているため、周りは「すみませんねえ」と言いながら、任せてしまうことも多かったそうです。退院後、みほさんは行動がスローになって、あまり出歩かなくなりました。ゆきこさんはまだ現役で働いていたので、週末にみほさんの家に出向き、お互いの近況を話し合ったり、一緒にテレビを見て笑い合ったりしていたそうです。

みほさんが再度の心臓発作に見舞われたのは61歳のとき。人工呼吸器を付けたまま、3日後に亡くなりました。入院後すぐ、まだ意識がある頃、「私の顔を何か言いたそうにじっと見ていたことが忘れられません」とゆきこさん。「みほのことだから、いろいろありがとうと言いたかったような気がします。だから、彼女の目を見て何度もうなずいてあげました。それしかできなかった」と、ゆきこさん。みほさんの没後数年は、思い出しては涙がこみ上げるのを止められなかったそうです。

■自分の良い部分を引き出してくれた関係

二人の友情の核心にあったものについて、「いとこだから好きだったというのではないような気がします。だって、血縁関係にある人が好きどころか争ったりしているじゃないですか。私とみほの間にあったのは、信頼でしょうね」と、ゆきこさんは振り返ります。「何て言ったらいいのか、絶対にお互いを裏切らないってことでしょうか。ウソをついたり、相手の言うことをねじ曲げて聞いたり、へんにおだてたりしない。ズケズケ言われても気にしない。まぁ、ズケズケ言うのはもっぱら私でしたが。何といっても、自然で率直でいられたことかなぁ」。みほさんといることで自分の良い部分が引き出されたのだろう、とゆきこさん。「私がむくれたり、怒ったりしてしばらく口をきかないでいると、そろそろ怒りも冷めたかなというタイミングで、みほから声をかけてきました。彼女はメンツなどということは考えない。だから私もすぐ謝って、もと通りの仲になれました」。また、「みほが亡くなるまで、お互い遠く離れて住んだことがないのは関係を維持する大事な要素だった」と言います。結婚後もそれぞれの家庭が大きく移動することなく、いちばん遠かったときで駅3つぶん、車で20分の近さでした。確かに、遠距離の関係をそのまま維持するのは大変でしょう。ただ、二人の関係はその出だしにおいて相性も良かったのでしょうが、それだけではないような気もします。血縁関係にあり、みほさんは思春期に母を失っています。これは重要な要素でなかったでしょうか。さらに、同性、ほぼ同世代、興味が共通していた等々などもあるでしょう。

なかでも大事な要因は、相手を求める気持ちです。ゆきこさんとみほさんの関係にあったのはこれではないでしょうか。ときには挫折しながらも、お互いを求め合う気持ちの大きさがなければ持続することはないからです。先に紹介した『ののはな通信』にも、主人公たちの長い中断の時期があります。しかし日常茶飯事でも深刻な問題でも話し合う相手がいることで、慰められる、あるいは自己が深まるとか広がるという経験を意識・無意識を問わず求める気持ちが二人にはあったと思われます。女性との友情関係を大事に思う気持ちといえばいいでしょうか。

また、ゆきこさんはみほさんによって、自分の良質な部分が顕在化したと言います。筆者の体験からもそれはよくわかります。友人の一人に、すぐジョークを言う楽しい人がいました。私自身はあまりユーモラスなタイプではないと思っていました。ところが彼女といて、ジョークにさらにジョークで応じているうちに、笑い話でオチがつく。これは友人が引き出してくれた私の資質だなあと思ったものです。彼女とは、北京の国連女性会議にフェミニストカウンセリングとしてグループで参加し、最後のお別れ会で、私から即席漫才をしようと持ちかけ大成功に終わったという思い出があります。以降、私はスラングを使ったり、おどけたり、ふざけたりするようになりました。彼女のおかげで少し変われた。そのほうが楽しいのです。

人間関係は難しいというけれど

最近では、友人がいないとか、いても表面的で状況が変わればすぐに関係が消滅してしまうという人のなんと多いことでしょうか。それでOKなのでしょうか。他者を求めず生きていく、そういう人生の「薄さ」をもったいないと思います。人は一人では生きていけないのです。

人間関係の面倒さがよく理由にされます。人間関係は難しいし、すぐにゴチャゴチャ言われる、評価されるのがイヤだという声を耳にします。難しいとは、たぶん相手の考えや感じ方が不明だということでしょう。人は思ったり考えていることをすぐに100%表明するわけではありません。かりにしたとしても、ホンネ・タテマエなどがあって、相手のことは確かにわかりにくい。推測すればするほど不明度は高くなります。それなら一人のほうが楽と思うのでしょう。

これはどう考えても単純すぎる理由ではないでしょうか。初めから相手のことがわかるはずがありません。互いの行き違いを、やり取りする中で理解しながら学んでいくのでは、と思います。『ののはな通信』の主人公たちにも、事例2のゆきこさんとみほさんの関係にも、率直なやり取りがみられます。

また、すぐにいろいろ評価されるのがイヤというのも、あまりにも単純な反応のように思われます。言うほうは、よほどの憎悪や批判がない限り、「ちょっと」言っているにすぎない場合が多いように感じられます。ちょっと言うとは、無責任に、たいした根拠もなく、屈託ないといったレベルのこと。同じようなレベルで、「気にしなければいいじゃない」という反応もあります。言うほう、言われるほう、第三者どちらの発言も、たいして考えていない、感情の動きの表面を取り上げているにすぎないのではないでしょうか。関係全体を表層的にとらえすぎていたり、一言二言でのみ、相手を判断しすぎるように思います。

関係性の硬直化という問題

かつて筆者のクライエントの多くも、友人関係の問題を主訴としてきました。語られてきたその関係づくりの論点を考えてみましょう。

第一に、関係性の硬直化です。たとえば、常に聞き役、話し役という役割の固定化。二人のどちらかが意図的に決めたわけではないはずなのに、その役割で始まると、絶えずその関係になってしまうことが問題です。聞き役は、いつも自分が聞いてばかりで、どのような状態であるかはおかまいなしに相手は話しはじめる、と不満を持ちます。一方、話し役は絶えず聞いてもらって幸せかといえば、そうでもない。なぜなら、聞き役はいつも、フンフンと聞いてはくれるものの、自分の意見や感想を言わないから何を考えているのかわからない、と訴えます。やがては、両者共にお互いがイヤになって別離となるわけです。これが関係の硬直化です。関係性はパターン化するので、硬直化してしまえば、聞き役が途中でコメントを入れたり、意見を言ったりしにくくなります。当初からにしろ、いくらか時間がたってからにしろ、どちらかがこのままではまずい、面白くないと感じ、関係を考え直そうとしない限り、長くは続かないでしょう。

関係性を客観的に考えてみるということは、「親しいはず」という予断がすでにあるため、至難のわざと言わなければなりません。さらに、関係を見直したいと思うほど、相手が大事な存在である必要もあります。「親しいはず」は「はず」だけの先行であってはならないでしょう。

確かに、カウンセラーは聞き役に徹しますが、これを自覚しつつ介入しなければならないときを考えており、そのときには介入します。ちなみに関係が硬直化したようなカウンセリング関係は決していいものではありません。

関係の適切な距離感をどう持つか

そこで、関係を考え直してみるために必要なのが、相手との距離です。これが第二のポイント。一般的に親密とか疎遠とか、人々は関係の内実をどのように決めているのでしょうか。筆者は関係の距離感に自覚的であり重要視しますが、これ自体が親密さや疎遠さに比例しているわけではありません。つまり、親密だと距離がないということにはならないし、距離があっても親密ではありえます。適切な距離感を持つことは決してやさしいことではありません。ところが、この距離感がなかなかわかってもらえません。事例2のゆきこさんとみほさんの関係でいえば、この距離をうまく取り結んでいたのがみほさんだったのでしょう。そして、ゆきこさんにはそれがわかっていました。相当に近い距離のようにも思われますが、決して密着してはいなかったようです。

筆者はここ数年、冬季になると足指にしもやけができるようになりました。痛いときは少々足を浮かして歩きます。それを見た人が「あら、今年も？」と気を遣ってくれます。彼女とは単に、「こんにちは」程度の挨拶をかわす関係なので、問われてもないのにこちらから、「今年も、しもやけができてね」などと言いません。で、ちょっと驚き「よく覚えていてくれましたね」と返事しました。相手は、なんで？ といった顔。自分のこんな些細なことに人が興味を持ってくれることなどないと思うからと言いましたが、相手はさらに変な顔をしていました。別にひがんでいたわけでも皮肉で言ったのでもなく、その人との距離感、つまりこんな些細なことに興味を持ってもらえるような関係ではないと述べたかったのでした。相手からすれば、距離もなにも、たまたま覚えていたから聞いただけに違いありません。

他者との距離の取り方が難しいということは、言葉としてなら理解しているかもしれません。しかし現実の関係の中で、対立や葛藤が起きたとき、お互いの距離の取り方がどうであって、それがどのような問題を引き起こしているかとの視点からあまり考えられていないように思われます。いうまでもなく、初めから距離を定めることは不可能で、付き合いを通した話し合いや振舞いから了解していくことと思われます。関係の中で、ときに密着しすぎたり、遠すぎることも多々あり、事例1のきょうこさんとよしえさんの関係では、よしえさんの側が若干密着しすぎかもしれず、客観化がなかったように思われます。

失望や傷ついた気持ちの取り扱いのカギは想像力

第三は、関係の破綻時の失望感、絶望感、裏切られ感、悪意、増悪という否定的感情の取り扱いです。かりに関係を切ったのが自分であったとしても、気持ちの処理の仕方がのちの関係づくりに影響を与えます。これまで生きてきた経験をいかに成長の糧にしてきたか、できるかが、その人の器量をかたちづくると思います。にもかかわらず、あまりにも経験の取り扱いが無配慮のように思われます。失敗から学べといいますが、これは単純なわかりやすい場面しか想定していないようです。

筆者が「状況の再定義—思い直す」と呼んでいる心の動きを紹介しましょう。失望とか傷ついた気持ちの取り扱いです。ある状況が、自分の期待するように設定されていると疑っていないとしましょう。ところが、それは当方の勝手な期待であって、状況は異なり、結果として期待するようにならなかったというような場合です。

筆者の話ですが、ある親しい友人に会うことになりました。久しぶりで、友人の母親が亡くなってお悔やみを言う機会がなく過ぎていたから、ちょうどいい、亡母の話などしながら、お悔やみが伝えられると思い、お供え用の花などを持って出かけました。ところが、指定された場所は喫茶店で、こんなところで会うの、という期待外れ感。さらに、別の知人が一人すでに来ていました。とても、お悔やみを言うとか彼女の亡母の話ができるような状況ではありませんでした。

私の想いはかなえられなかったのですが、ここで不快になったり傷ついても始まりません。会う場所や別の知人がいるということを前もって知らせておいてほしかったと思っても、その友人は筆者がお悔やみを言いたがっていたことを知りません。そこで両方の立場を考えてみる必要があります。人は自分中心に感じ考えがちです。重要なのは想像力。想像力を豊かにめぐらせることが、失望や傷つきを軽減できる心の力になるのではないでしょうか。

単に気が合うからと始まった関係だとしても、相手がどういう人か知らなくては表層的な言動で判断してしまいがちです。少しは相手の懐に入りよく話し合い、さらに知ることが大事です。もっとも、相手を１００％わかることは不可能です。どうしても自分の鏡に映された相手は多少にかかわらず、ゆがみを持つと思うしかないでしょう。鏡像は修正され、修正の程度によって関係は深まっていくと思われます。筆者にも40年来の親友がいますが、ときに「もう知らない」と不快になりながら、互いを大事に思うからこそ、関係は続いています。

相手を信頼しながら、ときには喧嘩もしつつ、時間をかけてお互い育ち合う関係を、女性同士で構築していくことができればどんなに幸福でしょうか。

非血縁者による看病や看取り

最後に、深く信頼する親友でありながら、率直に述べたほうがいいと思うのに伝えられなかった筆者の経験を挙げてみます。

退職前の勤務校に竹村和子さんという親友がいました。年齢差はありましたが、思想信条や趣味、生き方の好み等が合い仲良くしてきました。ユーモラスな人で、思い起こせば互いによく笑い合ったものです。彼女は英文学・批評理論領域の「知る人ぞ知る」という世界的に知られた研究者で、海外に特別研究員で赴任する際や国際研究集会に招聘《しょうへい》されると筆者もついて行ったり、逆に筆者の場合にも同行してくれ、時を共にしてきました。

2011年末、竹村さんは悪性腫瘍で10カ月余の闘病生活の後、だれからも惜しまれつつ亡くなりました。一人暮らしで、介護保険の利用者である叔母を除いて縁者のいなかった彼女を、筆者が中心になって女性ばかりの30名程度のグループ「チームK（和子）」で看病、看取りをしました。この詳細は、『彼女は何を視ているのか―映像表象と欲望の深層』（竹村和子著、作品社）の付録冊子「竹村和子さんと〈チームK（和子）〉」や、上野千鶴子著『おひとりさまの最期』（朝日新聞出版）に述べられていますのでここでは置きましょう。

診療の初期から病状の末期であることが、医師から本人へ告げられていました。告知は、自ら考え決断を下せる彼女が望んだことでした。手術を2回、抗がん剤、免疫療法、その他多くの民間療法も試みつつ、回復はかないませんでした。治療の結果としか見えない体力の消耗や、やせ細っていくような命を見るにつけ、もう治療は止めて残された仕事やしたいこと、身辺の整理等に時間を割くほうがいいのではないか、と思っていました。竹村さんには、彼女しかできない英文著作の翻訳が、やりかけのまま2冊残されていました。日本語論文は没後、文学論、映像論、批評理論の3冊としてまとめられ発刊されています。

1回目の手術後、まだ体力が残されているうちに治療は置いて、仕事の成果を待っている仲間にも後進の育成のためにも、どれかに手をつけたほうがいいのではないか、と思いつつ彼女にはそのことを話せませんでした。だれに聞いても、「本人が言い出さない限り、それは言えないでしょう」という答えが返ってきます。もちろん、強制するようなことでないのはよくわかっています。一方で、がんの回復が望みにくい場合、治療を進めず中止して、病状によっては最後までやりたいことをやるようにと勧める専門医もいます。その道を行く患者もたくさんいることでしょう。筆者もそうしたいと思います。

竹村さんが、何としてでも生きたいと思っていることは十分承知し尊重し、それを共に祈り支えつつ、客観的事実を伝えることから目をそらし、患者に伴走することは、ある種の偽善ではないかと思ってしまいます。奇跡は、もちろんありえるでしょう。ただ奇跡は、治療の延長線上に起きるか、積極的治療を止めて自由に生きようとすることから起きるか、だれにもわからないことです。

現在、よく似た病状を抱えた別の親友を持ち、医師の言うままに治療を進める彼女に対して、再度、同様の悩みに立ち至っています。気になるのは、QOL（クオリティ・オブ・ライフ）の問題です。筆者は、二人にとっては法的には何のつながりもない親しい友にすぎません。なのに、こんなことを思うのは生きている者の傲慢さなのでしょうか。患者本人の死生観を越えた僭越さなのでしょうか。
この友、ふみこさんは、これを書いた4カ月後、11月中旬に亡くなりました。4年前に50歳直前の息子を突然死で失い、この衝撃から何とか自分を保持するために、四国八十八カ所めぐりに出かけました。そのとき、忙しく働いてきた母親として、息子にあれもこれもしてあげられなかったという悔いと詫びと涙の巡礼であったことは想像に余りあります。同じく働く女性として、死に際し、涙ながらに彼女のつらさを共有したことを付記します。
病気の終末期において、従来、医療者と共に家族が担ってきた役割が見直されています。家族間の人間関係、とくにその緊密性や役割分担の液状化に加えて、たとえばグループホームや共同住宅のように新しくつくられる関係性の意義が取りざたされ、さらに看病、看取りのような役割を家族以外の者が担うことへの寛容さも増大しているように思われます。その中で、非血縁者、たとえば女性同士の関係での看病や看取りに含まれる問題点のひとつを提起してみました。

（河野貴代美）

【参考図書】
●三浦しをん『ののはな通信』角川書店　2018

第9章

やわらかいフェミニズム

歴史を振り返る

1970年、日本でウーマンリブが誕生

フェミニスト・セラピィ＝カウンセリングは、1960年代後半、アメリカで、当初ウーマンズリブと呼ばれた運動（後に第二派フェミニズム運動と呼ばれる）の中で生まれました。[*1] ウーマンズリブ運動誕生の背景には、1950〜1960年にいたるキング牧師らアフリカ系アメリカ人による公民権運動の盛り上がりがあり、ベトナム反戦運動や学生運動の世界的な広がりがありました。第二派フェミニズムの特徴として、性差別的な制度や習慣の変革だけでなく、それを支えている女性個人の意識や人（とくに男性）との関係性をとらえ直すことが提起され、これ自体が衝撃的かつ新鮮な問題提起でした。そして、「個人的なことは政治的なこと」というスローガンが生み出されます。個人的事柄（問題）は、政治的事柄（社会システム）によっている、という意味です。意表をついた素晴らしいスローガンです。

日本に目を向けると、1970年10・21国際反戦デーに「ぐるーぷ・闘う女」の旗を翻してデモする女たちの姿。これが、日本でウーマンリブの始まりといわれています。71年リブ合宿を経て、72年「リブ新宿センター」（通称：リブセン）が誕生。72年には「中絶禁止法に反対しピル解禁を要求する女性解放連合」（通称：中ピ連）が結成され、揶揄《やゆ》も含めてマスコミに大きく取り上

げられました。日本の女性たちに大きな影響を与えたのは、72〜74年の優生保護法（現・母体保護法）改定案反対の運動（82〜83年にも改定案が出される）と75年に結成された「国際婦人年をきっかけにして行動を起こす女たちの会」（通称：行動を起こす会、後に「行動する女たちの会」）ではないでしょうか。優生保護法改定案反対の運動では「私のからだは私のもの」というのちのリプロダクティブ・ヘルス／ライツへとつながるスローガンが提起されました。一方の「行動する女たちの会」は、人々に大きな影響を与えるテレビＣＭ等での性別役割規範を批判するなど、さまざまな領域で女性差別に反対する運動が広がっていきました。

世界的な動きでは、国連が女性差別撤廃の旗をあげ、１９７５年を「国際婦人年」（後に「国際女性年」）と定めました。「平等・発展・平和」をテーマにメキシコシティで開かれた第一回国際会議には筆者も参加しましたが、世界各国からの参加者で溢れかえり、女性たちはものすごい熱気と興奮のるつぼの中にいました。

日本でも「国連女性の10年」を機に、１９７７年には国立女性教育会館が建設、また各自治体に「女性政策課」が設置され、女性の自立をうながす講座等が開かれるようになりました。自治体が主催・後援する講演会や講座は、主にウイークデーの昼間に開催され、そこに集まるのは、家庭の問題や自立の悩みを抱えた主婦層が中心だったのです。既述のリブセンや行動を起こす会等の運動には多少の距離を取りつつも、フェミニズムに出合い、おおいに啓発された女性たちの参加には目を見張るものがありました。このような状況の中で、女性たちは明らかに自信を付け、結婚制度や夫婦関係を問い、伝統的な妻母役割を越えて（ラディカルには、妻母役割を否定して）「自分が何をしたいか」「どうすればできるか」を模索し、現実に行動し始めました。リーダー養成講座や、市民参加型の多種多様な講座が、自治体、民間を問わず開催されたものです。

フェミニストカウンセリングの実践の始まりも、この時期（１９８０年2月）に位置付けられます。当時、フェミニストカウンセリング講座には、沸騰点を超えるような勢いがありました。フェミニストカウンセリングを日本で初めて開設した筆者としては、このような女性の「目覚め」へのフェミニストカウンセリングの貢献は多大であったと思っています。当時のフェミニストカウンセラー養成講座の1、2期生が現在のフェミニストカウンセリングの主流を担っており、土台の主柱です。

元気印の女性たち

90年代初頭までの間、バブルの「恩恵」もあって「女性の時代」と揶揄されるぐらい女性は元気でした。ひとつの例を挙げましょう。『なぜフェミニズムは没落したのか』（中公新書ラクレ）で荷宮和子は、この時代を、「『男』でありさえすれば（略）無能だろうが大きな顔ができるという現実に対して、大いなる不快感を抱いてきた」（２７４頁）といい、「『実力＝能力×努力』だとするならば、いまだ80年代には、『男社会』＝『実力のある女よりも実力のない男のほうが偉い、というシステム』という巨悪が存在していた」（87頁）と、明確に女性差別社会を認識します。この「巨悪」を倒したいという思いを、フェミニズムやフェミニストの言葉や行動からは少々の距離を取りながらも感じていた女性の存在を、自らも含めて荷宮は「フェミニズムのようなものスト」と呼んでいます。最後の「スト」とは、人を指す、彼女の造語です。「フェミニズムのようなものスト」は、働いて自分の稼ぎで「自己実現」(=したいことをする)に向かっていくような女性だったというのです。なるほど、このグループにとっての「自己実現」は、バブル時代の消費行動、ブランド物品の購買等に深く結び付いていたようです。

ともあれ、この時代、「フェミニズムのようなものスト」を含めて、隠れフェミニスト、周辺にはいたが……的な女性など、女性差別社会を認識する層の広がりは歴然としていました。それが「女性の時代」と呼ばれるようなこの時代の雰囲気をかたちづくっていたといえるでしょう。

ジェンダーの視点でのカウンセリング

ここで、あらためてフェミニストカウンセリングの活動に触れてみたいと思います。

フェミニストカウンセリングは、ジェンダー(社会的システムによる性差)が人間の行動と心理に大きく影響していると考える心理療法です。この社会がジェンダー格差社会であるという認識を持ち、すべての領域、すべての問題の背後にあるジェンダーの偏在をとらえる視点が「ジェンダーの視点」です。女性が抱える問題の背後に性差別があることを見抜き、当たり前とされているることの中にジェンダー偏在を読み取る。それがフェミニストカウンセリングの問題のとらえ方といえます。

ジェンダーは、第二波フェミニズムで発見されました。女性のみの家事・育児、子どもの性的虐待、DV、そして人々の意識に潜むジェンダー拘束など重要な発見はいくつもありますが、パラダイムの転換を引き起こしたのは、物事を定義しているのはだれなのかという問いでした。それまで男性が書いた歴史によって自身の存在を定義されていたと気付いた女性たちは、自分たちで自身を定義しようとさまざまな努力を始めます。「彼が語る『女』は『私』とは違う」という女性たちの声は、男性が唱える女性心理によって自分を説明することや、男性が描いた女性像に、自分を当てはめることを疑問視しはじめます。女性たちは、初めて自分の情緒や感情を感じ取り、自分の存在を肯定することができるようになっていきました。自分の内面の声を聞き取り、それを正当化し、**自己覚知**（自分を知ること）にいたります。自己覚知は、フェミニストカウンセリングにとって、回復援助の基本的ポイントです。

フェミニズムをめぐる動きと連動しつつ、フェミニストカウンセラーたちは、開業カウンセリング・ルームや、自治体の女性（男女共同参画）センター等の窓口で、多くの女性たちに向き合ってきました。１９９７年の男女雇用機会均等法にセクハラ防止対策が入り（２００６年の改正でさらに事業主へのセクハラ防止措置が強化）、２００１年にはＤＶ防止法ができました。フェミニストカウンセリングは、こうした女性への暴力の問題、とりわけ被害者の精神的回復の支援に集中していきます。女性に対する暴力の問題はより深刻になり、また顕在化していきます。

フェミニストカウンセリングが何よりも鋭敏に感じ取ってきたのは、もちろん社会構造上の差別状況と、それによって引き起こされる心理的問題とその認識（個人的なことは政治的なこと）です。暴力についての理解は、事例をクライエントと一緒に社会的文脈に位置付けて考えるところから始まるし、回復への過程でそのような差別意識を認識することが重要視されました。たとえば、暴力の被害者の精神的回復に社会的には十分な光が当てられなかったからこそ、この問題に取り組むフェミニストカウンセリングは重要でした。ここでは、**「あなたは悪くない」**というメッセージが、発信されました。被害者は絶えず、自分のどこかが悪いのだ、と自分を責めていましたから。加えて、回復が目指すのは、被害者の**エンパワーメント**です（第2章参照）。

DV被害者への支援を担う

以前も今も、私たち女性を苦しめている大問題にDVを含めた暴力があります。これを少し詳しく見ていきましょう。女性たちが暴力にさらされている事実は、70年代当初から、草の根の支援活動の中で、またリブ合宿のような女性たちの集まりで、部分的にではあるものの明らかにされていました。アメリカでの活動は、70年代にシェルターが設置されるなど当初から盛んでしたが、日本では、DVや性暴力被害は、問題ある女性が自分で招いた問題であり、一般的には取るにたりない問題とされていました。やっと1995年第四回世界女性会議（北京会議）以降、女性への暴力は社会の問題として認識されるようになります。DVへの注目が高まる中で、フェミニストカウンセリング・ルームを訪れるDV被害女性が増え、フェミニストカウンセリングにもDVを読み解く視点が育っていきます。

この頃、フェミニストカウンセラーたちは、当事者からだけではなく、研究者や草の根の支援者、婦人相談員などからDVに関する知識を学んでいきます。学びは相談現場で生かされ、現場での実践はさらに新しい知見となって積み重ねられていきました。2001年にDV防止法が施行されて以降、それまで暴力から逃れる手だてがまったくなかったDV被害者が、不十分とはいえ、行政からの支援を受けられるようになり、フェミニストカウンセラーは、暴力から逃れる決意をするまで、さらに暴力から逃れたあとの心理的回復も支える役割を果たすようになります。もちろん、配偶者暴力相談支援センターやシェルターのような直接支援をする現場にも、フェミニストカウンセリングを学んだ女性たちがいます。ほかにも、被害女性が受けていたのは暴力による「支配」であるというDVの構造と被害者心理に関する意見書の作成など、アドヴォケイト（代弁者）活動もフェミニストカウンセラーの重要な仕事となっていきます。日本フェミニストカウンセリング学会では、2011年から「フェミニストカウンセリングアドヴォケイター」という新しい資格もつくられています。

性暴力の構造や被害者心理に関する理解が深まる

同様にアドヴォケイト活動が活発に展開されているものに、性暴力被害者への支援があります。

性暴力被害に関しても草の根の支援活動が、日本にフェミニストカウンセリングが持ち込まれたのとほぼ同時期に展開されていました。これらの活動の中で、性暴力被害が信じられないほど多いこと、被害者の回復が筆舌に尽くし難いほど困難を極めることなどが少しずつ明らかになっていきます。そして支援の積み重ねの中から性暴力がＤＶ同様、女性を支配するものとして使われていることが明らかにされ、暴力構造や被害者心理に関する理解も深まっていきました。日本フェミニストカウンセリング学会発行の冊子『なぜ逃げられないのか』は法律家や研究者の間でも読まれ、性暴力被害の裁判でも利用されています。また、全国に設置されている「性犯罪・性暴力被害者のためのワンストップ支援センター」にも、フェミニストカウンセリングを学んだ女性たちが数多くいます。

ＤＶも性暴力も、その人らしさを根こそぎ奪う犯罪です。健康、安心感、人間関係、自分と他者への信頼も未来の可能性もすべてが失われます。カウンセリングを通じた回復への支援は、この社会で女性として生きているその人の存在全体を理解する営みでもあります。フェミニストカウンセラーは、同じ女性としてその人と共にあります。だからこそ、フェミニストカウンセリングにとって重要なのは、シスターフッドと「個人的なことは政治的なこと」という問題理解、そして個人変革を通じて社会変革を目指すという姿勢です。

今、セクハラ被害など性暴力被害を告発する動きが広まりつつあります。希望は、現在女性たちの声（フラワーデモ等）が、性暴力、ＤＶ、虐待などの暴力被害に対する社会の認識を変えつつあることでしょう。誘惑をした、隙があったなどという男社会の定義をはね返し、「自分は悪くない」「自分は被害を受けたのであり、自分にはそれをつぐなわれる権利がある」という姉妹たちの声にフェミニストカウンセリングは耳を傾け、社会を変えるため、共に歩み続けています。

今も昔もいちばん多いのは家族に関する悩み

当時も今も多いのは、家族に関する悩みです。既述したジェンダー役割、また役割に完璧を求めるジェンダー規範へのとらわれは、女性に苦痛を強います。夫婦を核としてつくられ、性別役割によって運営される家族、その家族をめぐる問題はまさにジェンダーの問題そのものでした。家族に関する女性の悩みはジェンダーの視点があって初めて解決される問題だったのです。フェミニストカウンセリングは女性学の知見などの助けを得ながら、女性たちがジェンダーの規範にいかに縛られているかを見つけていきました。ジェンダーの規範とは女性としての生き方の規範、妻、母、嫁、娘等々関係におけるあらゆる役割に伴う規範です。これらの規範はあたかも自然なことであるかのように、たとえば「母なら〇〇して当然」などとされ、家族のイメージや親子のイメージ、幸福のイメージなどをかたちづくってきました。実態とかけ離れた、神話と呼べるようなものであるにもかかわらず、自分を定義する力を持っていなかった女性たちは、このイメージに合わせる努力を強いられました。

フェミニストカウンセリングは、そうした女性たちに**「ありのままのあなたでよい」**というメッセージを送ってきました。そして**「あなたはどう感じているの？」「あなたはどうしたいの？」**という、それまで誰も女性にたずねようとしなかった問いを発してきたのです。

守備範囲は「女性が抱えるすべての問題」

いくつかの問題群を挙げてきましたが、フェミニストカウンセリングの守備範囲は「女性が抱えるすべての問題」となります。実際、フェミニストカウンセリングの現場にはさまざまな問題が持ち込まれます。とくに自治体に女性相談窓口ができた当初は、相談者が女性であるというだけで、あらゆる問題がまわされてきました。うまく扱えなかった問題もありましたが、フェミニストカウンセリングは次第にその対象領域を広げていきます。

DV、セクハラ、性暴力被害など暴力被害とトラウマ以外にも、対人関係の悩み、仕事をめぐる悩み、性行動、性自認や性的指向などセクシュアリティに関する悩み、リプロダクティブ・ヘルス／ライツをはじめとする心身の悩み（出生前診断や遺伝情報をめぐる問題なども含む）などが寄せられました。また、借金、貧困など暮らしと経済の悩みなど、女性の生活全般をめぐる問題も寄せられます。うつ、依存症、心身症（身体表現性障害）や、不安、情緒不安定などの心理的問題がフェミニストカウンセリングの守備範囲であることはいうまでもありません。とくに現代の女性の生きにくさの心理的特徴と不可分といってもよい自己肯定感や自己感覚の希薄や欠如、自己評価の低さは、フェミニストカウンセリングの中心テーマのひとつです。女性を差別する社会で、自己の価値を保つために取られる生存戦略が、過剰適応や過剰責任行動となり、結果として女性自身を疎外することも明らかにしてきました。これらの問題群の中には、たとえば貧困の問題のように、福祉的援助が必要な問題もあります。これをソーシャル・ワーク的援助と呼んでおり、社会資源の知識とアクセスが必要不可欠です。福祉的援助には、施設や援助者にジェンダーの視点があるか否かがこれらの問題の解決にとって重要なことだと考えています。

フェミニズムが後退を余儀なくされた理由

多様化と女・女格差

フェミニストカウンセリングの果たしている役割について、実績の誇らしさを持って書いてきました。しかし時代は大きく変わっていきます。

変化を一言でいえば、「女性」という一括りで差別的状況を訴えることが難しくなってきている現実です。社会的流れを見れば、政治・経済領域に女・女格差を拡げたのは、1985年に制定された男女雇用機会均等法、労働者派遣法、そして年金の第3号被保険者導入にあるのではないでしょうか。この頃から非正規労働者が増加する一方で、男女雇用機会均等法によって総合職から管理職に登用される女性も現れ、女・女格差が静かに進行していきます。80年代には、現象としてはまだ明確に現れていませんでしたが、91年にバブルが崩壊し格差問題が浮上します。90年代後半からは就職の「超氷河期」となり、大学を出ても非正規雇用の職しかない、男性の中にも非正規雇用が増えるという状況に。この世代の若者は「ロストジェネレーション＝失われた世代」と呼ばれました。また、職場は劣化（働き方も人間関係も）していき、パワハラやセクハラを受けメンタル不調になる人や、引きこもりになる人たちも増え始めました。

これらを契機に、さらに女性間の格差は広がり、ライフスタイルの多様化や、女性を取りまく状況への認識の多様化もあいまって、差別されている性として女性が一括りにまとめられなくなっていったように思われます。このような位相の差異が理念的、現実的に顕在化したといえるでしょう。

これに追い打ちをかけるように、２０００年初め頃から猛烈なジェンダーバッシングが始まります。90年代は、既述のように格差が広がった時代ですが、同時に、育児休業法制定（91年）、改正均等法にセクハラ規定入る（97年）、男女共同参画社会基本法（99年）、ストーカー規制法（00年）、そしてＤＶ防止法（01年）の制定など、さまざまな法整備が進められていった時代でもありました。とりわけ１９９９年に男女共同参画社会基本法が制定され、各自治体で男女参画条例がつくられるようになった２００２年頃から、逆に条例に反対する運動が全国的に顕在化し、国会議員、地方議員もまき込んで「右派ネットワーク」が形成されていきます。東京では、国分寺市が都の委託で計画していた人権学習会の講座で上野千鶴子さんを講師に招こうとしたところ、都が「ジェンダーフリー」という言葉を使う危惧から委託を拒否、講座が中止に追い込まれるという事件もありました。「ジェンダーフリー」を誤解した彼らは、「ジェンダー平等」の進展により「伝統的家族」や性別役割規範などの価値観が崩されることに危機感を持ったのではないでしょうか。同時に、性教育へのバッシングなど教育への攻撃や介入、「従軍慰安婦」問題を否認する歴史修正主義の言説・運動も勢いを増していきました。

男女共同参画社会へのバッシングは、フェミニズムの退潮を大きくうながしたといえるでしょう。こうして、若い世代にフェミニズムの考え方が届きづらくなっていきます。

「フェミニストの潔さ」への反発を認識していたか

フェミニズム（フェミニスト）へのバッシングにより、フェミニズムが後退を余儀なくされたのは事実ですが、そのほかにも、相対的にフェミニズムが低調になってきた「文化的」背景があったのではないかと思います。

そのひとつに、フェミニズムが提起する、結婚適齢期とか良妻賢母などの「社会的常識」とみなされている価値観への批判があります。これは、多くの女性に、自分の中にある規範を捨てなければならないというイメージを与えてしまったかもしれません。つまり「安定」を拒否したのです。「安定」をもたらす制度や社会構造の中にこそ不平等が存在しているからです。

同じく、フェミニズム（フェミニスト）のある種の「潔さ」への反発もあったと思います。化粧をしないことや、体を縛る下着の着用拒否が推奨され、ブランド物を欲しがったり地位や名誉にこだわることは捨てるべきことと唱えているように思われたのかもしれません。実際、フェミニズムの初期、友人に「トップ」大学を出て、「トップ」企業に就職しながら、昇進を拒み続けた人がいます。もし離婚云々で迷っているのなら、さっさと離婚することが肯定的にとらえられるという言説もあったと思います。いうならば、フェミニストたちは「立派な人たち」で、国家や社会など大きなワクを論じるイメージがあって、何でもすっきり割り切っており、個々人の日々の小さな問題、矛盾した感情や揺らぎなどはとるにたりないもののように扱われていると、多くの女性たちに感じさせてしまったのかもしれません。

このようなフェミニストのスタンスは確かに重要でした。なぜなら、フェミニストであるため、つまりは女性への被差別状況を直視するためには、女性にかぶせられていたベールを脱ぐ必要があったからです。考えてみれば、「女らしさ」に縛られて、なんと無用な非自己（役割という固い衣）を抱えてきたことでしょう。しかし一方で、フェミニストのこの頑《かたく》なさというか潔さ（「贅肉のないこころ」と筆者は呼んでる）が、「安定」を求める人々や、荷宮の言うような「フェミニズムのようなものスト」との乖離を生んでいったこと、そのことを、筆者を含め多くのフェミニストは認識できていなかったのではないかと思います。

フェミニズムの学問化がもたらした負の影響

もうひとつ、フェミニズムの学問化が挙げられます。80年代からフェミニズムは「女性学」「ジェンダー学」として、大学で学び、研究する学問になっていきます。フェミニズムが学問となること自体は、大きな意義があることです。ジェンダーをめぐる知見・理論の深化の成果を、フェミニストカウンセリングもずいぶん受け取ってきたことも事実です。

しかし一方で、難しい用語が飛び交う学問としての「フェミニズム」は、一般の女性にとっては自分たちとは「無縁の世界」と受け止められたのではないでしょうか。「正しいフェミニズム」というようなものがあるかのようにとらえられる弊害もあったように思います[*2]。こういう状況の中で、誤解を恐れず言うなら、一部でフェミニストの「エリート主義化」が進んでいったことは否めません。ここで言う「エリート」とは、独善的とでもいうような、周りからの屹立《きつりつ》意識を指します。フェミニズム価値観の至上主義といってもいいでしょう。単純な表現を使うなら、「フェミニストは偉そうにしていた（いる）」と受け取られたのではないかということです。フェミニストにそのようなつもりはなかったとしても。

フェミニストカウンセリングに関して痛みを伴う一例を正直に挙げておきましょう。1999年頃、フェミニストカウンセラー資格をつくるかどうか、会の内部で激しい議論が交わされました。その議論の過程で、資格化そのものに反対して会を去った会員も少なくありませんでしたし、フェミニストカウンセラーとしての活動を続けながら、資格取得を拒否し続けた会員もいました。丁寧なプロセスを踏むことを意識はしつつ、その過程で切り捨てたものも少なからずあったのです。フェミニストカウンセリングの内部問題においてすら。

イズムやイデオロギーが絶えず特権化する質を内包していることは歴史が証明しています。この50年間で、フェミニズムの硬直化、教条化もあったと思います。直截的、教条的言説はわかりやすいが、同時に言語内容そのものの狭さという限界も露呈します。とすれば、フェミニズムもまた、その弊害をまぬがれ得なかったということかもしれません。その事態に多くのフェミニストが鈍感でもありました。それが、多くの女性の共感や支持を失った原因のひとつではないかとも思われます。

フェミニストカウンセリングをアップデートするために

これまで射程に入っていなかった女性たちへ照射を

フェミニストカウンセリングのスタンス自体は、前述したことと現在でも基本的に変わっていません。あらゆる女性の生活が対象であることも。しかし、かつて私たちが照射した現実とは異なった現実も見えてきました。これまで存在していたその現実にあまり焦点を当ててこなかったのは、（カウンセリング・ルームに）訴えてこない女性、訴えてこられなかった女性の暮らしに視線が及ばなかったのです。ただ、フェミニストカウンセラーとしては、今後、事例の有無やそれへの実践にかかわらず、見てこなかった女性たち、別の現実をこそ照射する必要があるでしょう。

では、見てこなかった女性たちとはどういう人たちであったのでしょうか。まずは、訴えがない（あるいは訴えられない）ために私たちの射程に入らなかった女性たちです。たとえば、高齢者、若者、障がい者、外国籍の人などが挙げられるでしょう。さらに言えば、ジェンダー規範や拘束にとらわれている場合も、一人ひとりの女性にとっての実情には多様な位相があるということです。つまり、被差別・被抑圧という大きな括りだけでは不十分なのです。女性間の差異という言葉をとってみても、キャリアや非正規雇用、また、性的指向や性自認、国籍、人種・民族（昨今はとくに）、障がいなど差異が複層し、多様になっています。その中に格差や差別が発生していることもあります。女性として差別されながら、さらに別種の差別を抱え込まざるを得ない場合もあるということです。一人の女性にとって、これら異なった「属性」による差別の構造が個人にどのような影響を与え、また、性差別的社会構造とどう絡み合っているのか、このセンシティブな解明なしには、フェミニストカウンセリングの訴えが届かないのみならず、クライエントと対峙しても問題が見えてきません。

「小さな物語」を紡ぐ——差別の重層化・交差性を丁寧に検証する

フェミニズム、フェミニストカウンセリングは、これまで必要十分な働きをしてきており、その成果も上がっていることを認めつつ、さらに多くの女性に知って役立ててもらうために、今後の方向性、および何を包摂していくかを検討してみたいと思います。

まず、そのためにフェミニストカウンセリングの考えの基底を具体的に考え直してみましょう。これまでは大雑把に、被差別・被抑圧の理念（「大きな物語」）を使ってきました。「大きな物語」に抗するのに、別の「大きな物語」である反差別で対峙しても、変革を起こすのは困難です。これまでの、フェミニズムの衰退に見えるものがそれを語っています。そこで筆者は、「小さな物語」を念頭に置きたいと思います。これは、上述した差別の重層化・交差性を一人の女性の中に丁寧に検証することが必要だということです。

さらには、女性差別だけでなくあらゆる差別が強まっている背景のひとつに、競争社会の激化による成果主義などの弊害があると思います。驚いたことに、海で救助活動をするライフ・セーバーたちにコンペがあって、優劣を競うわが国です。現時点では「オリンピック・パラリンピックでメダルを」の大合唱です。これでいいのでしょうか。今一度、立ち止まって暮らし方自体を見直すことも求められているように思います。「これまでのような改革、競争、経済成長は求めすぎで、富は一部の人の手に集中し、結果自然との共生関係が破壊されており、国連も持続可能な開発目標（ＳＤＧｓ）のために脱発達成長モデルを唱えている（簡略）」と、若手の研究者が近代化の行きすぎ、資本主義の限界を指摘し、警告を発しています（２０１９年10月30日付「朝日新聞」朝刊）。同感です。フェミニストカウンセラーとして、このようなスタンスは重要ではないでしょうか。

エコでスロー、非競争的な、どちらかと言えば上下でなく横に広がる関係を強く意識し、また模索するようなスタイルといえばいいでしょうか。要は、多様化社会へ、共生社会へ、です。

自立の見直し――依存性についての新しい視点

さて、もうひとつの問題提起は、「自立とは何か」です。すでにフェミニストカウンセリングは、自立とは決して孤立ではなく、人が関係という基盤において生き、またその成立において暮らしているということを述べてきました。個人は関係の中に位置付けられる、関係と共にある、という意味であり、社会的にとらえれば、まだまだ女性差別の解消しない、女性への暴力がやまない社会の中にいるということを指します。人は人との関係、社会と共にあるとするなら、自立と依存はどう位置付けられるのでしょう。

過日、『ジェンダー・トラブル』（竹村和子訳、青土社）の著者である、ジュディス・バトラーの講演を聞く機会がありました。彼女は、現代社会においては人間中心主義を部分的に放棄することになったと言い、「生はそれを生きられるものにしてくれる条件に依存するだけでなく、他の生や、（略）他の生が生きる過程にも依存しています」。そして「私たちは決して完全には個体化されていないのです」「それは個人の生の前提条件になるような一種の相互依存なのです」と述べています（This life, This Theory　明治大学での講演　２０１８年12月6日）。バトラーは、人間の脆弱性・被傷性（Vulnerability）を認め受け入れ、相互依存（Inter-dependence）を強調します。そしてこのような結び付きが妨げられることがあったとしても、個別性が損なわれるわけではないことを強調しました（ジュディス・バトラー特集『現代思想』２０１９年3月臨時増刊号）。

この依存性を新しい視点でさらに深めているのが、岡野八代や牟田和恵です。母性（愛）を神話化することには徹底的に批判的でありながらも、「……もっとも傷つきやすくヴァルネラブルな者の立場から、社会を構築していくことは可能（略）。そのさい、女性たちのさまざまな体験のなかで培われてきた、人を安心させる術、絶対的な弱者への応対、変化に対する謙虚さ、未経験の事態への臨機応変な対応といった態度から、ジェンダーや世代を越えて学ぶべきことが多くあるのではないでしょうか」（『ケアの倫理からはじめる正義論』エヴァ・フェダー・キテイ著、岡野、牟田編著・訳、白澤社／8頁）と、新しい依存性について書いています。彼女らの説は、エヴァ・フェダー・キテイやその他の政治・哲学研究者によっています。

依存はネガティブな様態だろうか

これら提示されている斬新な視点は、「依存性」をネガティブにとらえないということでしょう。

フェミニズムは当初から、経済的・精神的・生活的・性的自立を主張し、これらのアイテムにおける依存を否定的にとらえてきました。人として基本的に依存しながら生きなければならないことは、女性が一人の個として平等を訴えるためにも、生き方の選択肢にとっても、ある種の障害になります。経済的自立などは、現在でも必須だと思われます。だからその主張が間違っていたというのではありません。ただ、経済的（とくに女性）、生活的（とくに男性）自立はよくわかりますが、精神的、性的自立はさまざまな意味があって、常に誤解や独断がはびこっており、このような領域では、自立とは何か、が絶えず問われてきました。

自立の多様な意味について、今ここで論じることは置きます。自立の内容は限定的、表面的に決められるものではなく、絶えず状況や時制に左右されます。したがって、キテイの主張は決して自立性に反するものではなく、依存そのものは人間存在において無視・排除されるものではないということです。

キテイに戻りましょう。人間の存在そのものが依存と切り離せない事実に注目したいと思います。彼女の主張とは、①他者依存が必要なのは、子ども時代のみならず、高齢時代、障がいを持つ（一時的なものも含む）等、時期や状態によること、②彼／女の存在のケアが、ともすれば女性に任されてきたが、それは現実にとても困難になっていること、③ケアを担うものが存在しないと人間社会は存続できないにもかかわらず、ケアワーカーを排除しようとする社会が間違っていること、④したがって、市場労働、生産労働者を主とする「社会」を変革すること。「……生産労働に携わらない者が、生産労働に携わる者と同等の、あるいは、時にそれ以上の、経済的物質的なさまざまな配分を、社会から受け取ることができる」こと（前掲書36頁）等です。

作家の落合恵子は、高齢・認知症を患った母を、自宅で看取る主人公について小説を書いています。主人公はフェミニストの友人から、「親を在宅で介護するなんて。フェミニストのあなたがなぜ？　性別分業を介護に持ち込むの？」（『泣きかたをわすれていた』河出書房新社／30頁）となじられます。女たちは何のために介護保険制度をつくったのだ、と。主人公は、母には自分しかいないし、自分が息子であってもやるだろう、自分がしたいからだと答えます。さらに、施設を往来するより母が家にいてくれたほうがはるかに、時間の節約になる。「わたしはそうしたくて、そうしているだけ。（略）そうできないひとも、そうしないひとが居ることも知っている。どれがいいってことじゃないと思う」（31頁）。そして、全面的に依存せざるを得ない人の介護を在宅介護で受け入れ、仕事も中断しませんでした。「したいようにした」と。これは著者自身の本音でしょう。

あるケースを思い出します。当時40代後半の女性。自宅で面倒をみている「重度」の統合失調症の息子がいて、24時間彼のことが気になる。これでは母である自分はしんどいし、息子にもよくないと思う、と相談に来所しました。共依存の心配を自ら指摘する、事態をよくわかっている人でした。どれぐらい面談時間を要したかは記憶にありませんが、彼女は息子を気遣いながらも、自由な自分を楽しむようになりました。最終面談日、彼女は「終わったら絵画展に行く」と言い、その笑顔を今でも覚えています。個体の分離が起きた、依存の内容の変化といえます。

「やわらかいフェミニズム」へ

報道によれば、2019年の世界経済フォーラムでの日本のジェンダー・ギャップ指数はなんと153カ国中121位。G7では最低です（2019年12月17日）。2018年の財務省官僚のセクハラ等、昨今の性暴力をめぐる状況を見ても、東京医科大学の入試における女性一律減点の状況を見ても、女性差別は決してなくなってはいません。「差別と暴力」は、昔も今も変わらぬ大きなテーマです。現代に生きる人々にこそ、フェミニズム、フェミニストカウンセリングがこれまで以上に必要とされていると思います。

このような現状を打開するために、闘うことも、声をあげることも、互いに手を取り合うことも重要です。そのような動きを否定するのではなく、筆者はさらに、「やわらかいフェミニズム」を唱えたいと思います。第5章「フェミニストの娘たち」のみれいさんの言葉を再掲しておきます。「自分の内面に取り組むべき問題があるとわかっているけれどあと回しにしていること、いろいろな場面で見せる自分の他者評価が自己評価とかけ離れていることに居心地の悪さを感じていること、自分の性を大切にしなかった時代があったこと、〝#MeToo〟に乗り切れない自分がいること、すべてそれでいいのだと思えた。『パーソナル　イズ　ポリティカル』の視点を土台に持っていれば、自分のやり方で自分のペースで取り組み続けていいのだと直接言ってもらえたことは、今の自分でもフェミニストだと名乗ってもいいのだと言ってもらえたようで、途端に道が開けたような気がしました」。これが筆者の考えるやわらかいフェミニズムの具体例です。とりあえず「そのままのあなたでいい」からのスタートにしましょう。

これまでフェミニストカウンセリングは、助けが求められなければ、手を伸ばしてこなかった、というより手を伸ばせなかったのは事実です。今後は、これまでフェミニストカウンセリングが届かなかった、あるいは必要とされてこなかった女性の暮らす領域にも目を配りたいと強く思います。そこにフェミニストカウンセリング的問題が表出するかしないかはわかりません。しなくても、そこに女性の暮らしがある限り、彼女たちの暮らしに沿って、そしてさまざまな差別が交差する経験へと、射程を広げたいと思います。

多様な人々の声に耳を傾けながら、フェミニストカウンセリングが蓄積してきた視点を時代に即したものへとアップデートすることこそ求められているのではないでしょうか。私自身は講演会などで、身近な人一人にフェミニズムをわかってもらう試みをしようと話してきました。一人をゲットする、そのような小さな歩みも大事な方法でしょう。これこそ「小さな物語」です。

イエス・キリストは、こう言っています。

「見よ、わたしは、戸口に立ってたたいている。だれかわたしの声を聞いて戸を開ける者があれば、わたしは中に入ってその者と共に食事をし、彼もわたしと共に食事をするであろう」(新約聖書　黙示録3・20)

彼は、いきなり説教などしないのです。一緒にまずはご飯を食べるのです。私はこのような姿勢を「やわらかいフェミニズム」と呼びたいと思います。そして、フェミニストカウンセリングだからこそ、愛、平等、平和に向けた希望ある女性の暮らしを守り、共に切り開いていけると信じます。

（河野貴代美、加藤伊都子）

（＊1）一方、第一派フェミニズムは、19世紀末～20世紀初頭に展開された女性参政権をめぐる運動を指す。

（＊2）ロクサーヌ・ゲイは『バッド・フェミニスト』（野中モモ訳、亜紀書房）の中で、「ピンクが大好きでハメを外すのも好きで、ときには女性の扱いがひどいとよーくわかっている曲に合わせてノリノリで踊ってしまう」自分を、「バッド・フェミニスト」だと名乗る。「フェミニズムは、私がしっちゃかめっちゃかな女性であることを許さないのではないかと心配だった」からと。日本だけでなく、ステレオタイプ化した「フェミニズム」「フェミニスト」という言葉に、若い人たちがいかに悩まされたり抵抗してきたかがわかる。

【参考図書】

●荷宮和子『なぜフェミニズムは没落したのか』中公新書　２００４
●エヴァ・フェダー・キテイ著、岡野八代、牟田和恵編著・訳『ケアの倫理からはじめる正義論――支えあう平等』白澤社　２００１
●落合恵子『泣きかたを忘れていた』河出書房新社　２０１８

あとがき

まず、本書の各執筆者との話し合いが楽しかったということから始めよう。執筆者の居住地は徳島、福岡、大阪、東京と多岐にわたり、全員スカイプを利用しての話し合いであった。常に全員がそろうわけではなかったが、話し合いがおもしろかった。ときどきのメンバーの疲れた様子、女性の状況の厳しさに憤慨を禁じ得ない表情、そうだ、そうだとの同意や共感の声、だれかのジョーク、全員の顔が出るわけではないので、「今しゃべったのはだれ？」とたずねる声、等々。激しく主張はするが、妥協も拒まない、イキイキした風通しのよいグループであった。シスターフッドの実践であったと言える。

あとは感謝で埋めたい。フリー編集者の杉村和美さん、松田容子さん、三一書房の高秀美さんには、この多彩なメンバーのあれやこれやを適切に対処いただき感謝にたえません。ありがとうございました。執筆者ではなかったものの、毎度話し合いに参加し、PCを駆使してメモを取り、後日の記録として全員に配布という裏方に徹してくれた金野佑子さん、あなたがいなければ会議はありえませんでした。表紙のつたない私の絵を、たえず描きなさいと励ましてくださった絵画教室の師、谷口敦子さんにも、お礼を。フェミニストの姉妹たち、ありがとうございました。

２０１９年12月

河野貴代美

加藤 伊都子（かとう・いつこ） 第1章、第4章、第9章
フェミニストカウンセリング堺。認定フェミニストカウンセラー。日本フェミニストカウンセリング学会理事他。受講に始まるフェミニストカウンセリングとの関わりは学会の前身「研究連絡会」設立への参加、フェミニストカウンセリング堺の開設と続き今も継続発展中。

河野 和代（かわの・かずよ） 第2章、第3章、第5章、第6章
ウィメンズカウンセリング徳島代表、日本フェミニストカウンセリング学会認定フェミニストカウンセラー、認定心理士。個人カウンセリング以外に講師活動や講座の開催、被害者支援活動等、地域の女性たちにフェミニズムを届け、共に活動してきた。

福田 由紀子（ふくだ・ゆきこ） 第2章、第3章、第5章
ユキ メンタルサポート代表。日本フェミニストカウンセリング学会認定フェミニストカウンセラー、臨床心理士、公認心理師。行政の女性相談等を経て、福岡県久留米市でカウンセリング・ルームを開業。講演・講座、コラム執筆、加害者の更生プログラムにも携わっている。

海渡 捷子（かいと・かつこ） 第4章
㈲フェミニストセラピィ“なかま”代表。日本フェミニストカウンセリング学会認定フェミニストカウンセラー。現在、地方自治体相談室でカウンセリングや相談に従事。また、女性の生き方全般にわたる講座、講演などに携わっている。

鶴貝 真由美（つるがい・まゆみ） 第4章
女性のスペース結理事。公認心理師、精神保健福祉士。河野貴代美さんのフェミニストカウンセラー養成講座で学んだ後、女性のスペース結の前身であるフェミニストセラピィ結を創設。現在、行政の配偶者暴力相談支援センターや女性相談に従事。

中村 敏子（なかむら・としこ） 第4章
女性のスペース結副代表理事。1984年、河野貴代美さん指導のもと中野区の女性相談事業の立ち上げに関与、以後、女性相談員として従事。2001年、女性のスペース結を設立し、DV被害者支援活動を展開。元越谷市男女共同参画支援センター所長。

福本 尚子（ふくもと・なおこ） 第5章
「女性とこどもの人権をまもるエンゼルランプ」スタッフ。2013年日本女性会議においてDV分科会長を務め、啓発活動を継続中。2012年から9年間行政窓口で女性支援に従事。現在は地域福祉の現場で女性支援の視点を組み込んだ仕組みを模索中。

遠藤 智子（えんどう・ともこ） 第6章
（一社）社会的包摂サポートセンター事務局長。日本フェミニストカウンセリング学会立ち上げ時の全国運営委員。全国女性シェルターネット事務局長を経て2011年より現職。著書に『女性たちが変えたDV法』（新水社）他、共著に『下層化する女性たち』（勁草書房）。

小川 真知子（おがわ・まちこ） 第6章
NPO法人SEAN（シーン）理事長。2014年以降、ぱっぷすを通じて関西でのポルノ被害相談に関わり、AV出演強要の裁判を傍聴し法整備の必要を痛感している。SEANポルノ被害相談はメールで相談を受け付けている。https://sean-psoudan.jimdo.com

編著者プロフィール

河野 貴代美（かわの・きよみ）

1939年生まれ。シモンズ大学社会事業大学院修了（MS）、元お茶の水女子大学教授。
専門：フェミニストカウンセリング、臨床心理学、フェミニズム理論、社会福祉。
日本にフェミニストカウンセリングの理論と実践を初めて紹介し、各地におけるカウンセリング・ルームの開設を援助。後、学会設立や学会での資格認定に貢献。
著書：『自立の女性学』（学陽書房、1983年）、『フェミニストカウンセリング（Ⅰ・Ⅱ）』（新水社、1991/2004年）、『わたしって共依存？』（NHK出版、2006年）、『わたしを生きる知恵』（三一書房、2018年）ほか。
翻訳：P・チェスラー『女性と狂気』（ユック舎、1984年）、H・パラド他『心的外傷の危機介入』（金剛出版、2003年）ほか多数。

それはあなたが望んだことですか
――フェミニストカウンセリングの贈りもの

2020年１月24日　第１版第１刷発行
編 著 者　河野 貴代美　©2020年
発 行 者　小番 伊佐夫
印刷製本　中央精版印刷
編　　集　杉村 和美
カバー画　河野 貴代美
装　　丁　Salt Peanuts
Ｄ Ｔ Ｐ　市川 九丸
発 行 所　株式会社 三一書房
〒101-0051 東京都千代田区神田神保町3-1-6
TEL: 03-6268-9714
振替: 00190-3-708251
Mail: info@31shobo.com
URL: http://31shobo.com/

ISBN978-4-380-20000-7 C0036
Printed in Japan
乱丁・落丁本はおとりかえいたします。
購入書店名を明記の上、三一書房までお送りください。

わたしを生きる知恵

―80歳のフェミニストカウンセラーからあなたへ―

河野貴代美著（対談：岡野八代）

四六判ソフトカバー　本文245頁　本体1700円　ISBN978-4-380-18004-0

◉落合恵子さん推薦「わたしたちは「ここ」から始まった。時に「ここ」に戻り、しばし羽根を休め、再び「ここ」から飛び立った。これまでも、今も、これからも。In sisterhood」

女性活躍といわれる時代ですが、働いている女性も、仕事では男性以上に努力し、そのうえ家事・育児ももっぱら担うというのが多くの女性の実態でしょう。どこでどんなふうに生きていても、生きがたいという現実。個々の女性たちが、のびのびと自分らしく生きられる社会とは言いがたい、それが日本の女性の現在ではないでしょうか。

女性が自分に出会い、自分自身を生きていくために必要な知恵や歴史を、フェミニズムに出合った私たち世代の女性が語り継ぐことが必要だと考えました。それは、きっと女性たちの力になるでしょう。（著者まえがきより）